VISITE
AU MUSÉE DE DOUAI,

PRÉCÉDÉE

D'UNE PROMENADE

AU JARDIN BOTANIQUE

DE CETTE MÊME VILLE,

AVEC PLUSIEURS AUTRES DÉTAILS CURIEUX SUR LE PAYS;

Dédiées aux Enfants de Gayant,

Pour servir à l'explication du catalogue ;

Par Lucien DE ROSNY, bachelier-ès-lettres.

A DOUAI, DE L'IMPRIMERIE DE J. JACQUART.

1839.

PRÉFACE.

Un Musée que l'on visite sans connaître l'historique des objets qui y sont placés perd infiniment d'intérêt, c'est ce qui m'a décidé à offrir aux Douaisiens cet opuscule dégagé du pathos de la science; s'ils daignent l'agréer je serai récompensé de mes veilles. Je réclame leur indulgence m'étant chargé seul de ce travail qui nécessite tant de soins et de recherches; voulant le faire paraître pour la fête de la ville, je n'ai pu apporter dans la rapidité de la rédaction l'élégance de style que j'aurais désiré réunir à l'exactitude des descriptions.

VISITE
AU MUSÉE DE DOUAI,
PRÉCÉDÉE
D'UNE PROMENADE
AU JARDIN BOTANIQUE DE CETTE MÊME VILLE.

JARDIN DES PLANTES,
AUX CAPUCINS.

Ce fut en 1791, au milieu des fureurs de l'irréligion et de l'anarchie révolutionnaire, que fut supprimé le monastère des Capucins, fondé en 1591, et qui se sont émigrés pour la plupart : il ne reste seulement aujourd'hui que le vaste emplacement de leur monastère, et pour tout vestige deux pierres sépulcrales échappées à la hache dévastatrice et qu'on a encastrées dans la muraille de clôture, sur l'une de ces pierres on lit :

Noble,
illustre et puissant
S.r messire Phi
lippe de Tournay, chevalier
conte d'Oisy et qui a fondé le
couvent des pères capucins
de Maubeuge a condition
d'avoir une messe tous
les jours à perpétuité
au couvent des
pères capucins
de Maubeuge
Come on luy a accordé
1682.

c'est le seul souvenir de cet ordre de Saint François,

fondé en 1208; encore ces pierres sont-elles cachées derrière des massifs de fleurs; tout ce terrain veuf de ses gothiques *amazemens* est devenu un riant parterre, un jardin voluptueux où l'on a classé le règne végétal, et à l'entrée duquel s'élève un élégant amphithéâtre dont les pierres blanches contrastent avec les sombres rameaux du *pin de Weymouth* et du *saule de Babylonne*.

Le public Douaisien va dans ce jardin délicieux goûter le plaisir de la promenade : c'est une optique toujours mouvante : les dames y vont étaler les grâces de leur beauté et la coquetterie de leur parure ; là, dans les longues allées, de jeunes enfans des deux sexes vont folâtrer, se livrer à la pétulance de leur âge, ou chasser le *sphynx* (1) éclatant qui, se jouant avec sa compagne, semble braver les efforts des petits chasseurs; c'est là que la bonne d'enfans et la grisette échappées à la surveillance maternelle donnent à leurs amans des rendez-vous un peu équivoques.

Les Capucins forment un tableau toujours changeant : les parfums les plus exquis qui s'exhalent des fleurs, le chant du rossignol et de la fauvette, tout remplit le cœur d'émotions indéfinissables ; les allées sablonneuses de ce jardin sont bordées d'arbres étrangers : on y voit le superbe *Tulipier* dont les fleurs, couleur de citron, traversent la boule de neige du *Viburnum*, déjà pressée par les grappes purpurines du lilas. Le *Mûrier* de l'Inde mêle ses fruits blancs

---

(1) Espèce de papillon.

aux fruits cramoisis du mûrier d'Espagne, et nous rappelle le suicide amoureux de Pyrame de Tysbée; auprès s'élève le *Sumac* de Virginie dont la sève blanche et céreuse découle sur le tronc comme l'encens le long du sapin de l'Arabie; quelle suavité dans les branches papillonnacées de l'*Acacia*, qu'une brise légère fait voltiger sur celles de l'*arbre de Judée*, dont les fleurs roses, par un caprice bizarre de la nature, s'échappent, par bouquets, des grosses branches encore veuves de feuillage !

Descendons aux plates-bandes où la méthode naturelle de Jussieu étale son application : là le professeur de botanique, entouré de ses jeunes élèves, leur fait analyser la *crustacée* ou la *liliacée*, et leur fait admirer la simplicité du système de Tournefort; mais il leur en montre l'insuffisance, leur explique la synthèse de Jussieu, et le système ingénieux du naturaliste suédois, de l'immortel Linnée; il leur fait observer les phénomènes de la génération végétale du Pollen, de cette poussière fécondante qui, dans une espèce d'ivresse amoureuse, semble éprouver une crispation, et s'agiter voluptueusement sur le pistil.

Derrière une haie de *Dahlias*, les serres élèvent dans les airs leurs enceintes diaphanes : on y distingue, parmi des séries précieuses de plantes exotiques le *Camelia* qui nuance la variété de ses roses sur son feuillage vernissé; le *Strelitzia reginæ* qui, sur son long pédicule, lance ses fleurs d'or du centre desquelles s'échappe un pistil violet en forme de flèche; l'admirable *Cactus speciosissimus*, dont la vaste corolle de pourpre aux longues étamines blanches, orne une tige quadrangulaire hérissée d'épines, comme si la beauté ne pouvait exister sans un attribut de la douleur.

En toute saison on y voit des fleurs qui paraissent et disparaissent successivement : ces serres sont belles ; mais il ne faut pas avoir vu celles de M. Taffin, dont la propriété avoisine les Capucins : c'est, j'en suis convaincu, la plus belle serre de province. M. Taffin, en véritable amateur, se fait un plaisir d'y admettre les personnes qui désirent les visiter.

C'est dans le jardin des Capucins, vers le crépuscule, lorsque l'atmosphère plus calme a confondu ses molécules fluides avec celles qui émanent des fleurs que je vais rêver sous un des deux *frênes* (1), dont les rameaux en parasol forment deux berceaux de verdure ; alors tout est silencieux, et la pensée s'ensevelit avec plaisir dans le passé ; souvent à mes yeux les massifs de fleurs disparaissent, et il me semble apercevoir encore des tombeaux épars, entendre la cloche monastique et aussitôt des capucins à longues barbes sortir silencieux du réfectoire ; je crois entendre le sol retentir du bruit de leurs lourdes sandales ; je les vois revêtus de leurs robes de laine brune en contact sur la peau, coiffés du capuchon surmontant un manteau qu'attache sur la poitrine, une aiguillette d'os formant une croix avec la boutonnière, et ceints d'un cordon blanc où pend un chapelet ; mon imagination aime à les placer près d'un tombeau, la bêche ou la pioche

---

(1) Fraxinus pendula.

à la main; tantôt il me semble en voir revenir avec leurs besaces blanches, chargées des aumônes qui étaient leur subsistance, car leur austérité exigeait qu'ils vécussent dans la pauvreté : tantôt je crois voir l'un d'entr'eux rentrer d'une église de campagne où il avait été faire entendre la parole évangélique, ou bien l'air morne et taciturne revenir de veiller au chevet d'un mourant; tantôt enfin il me semble entendre le soldat brutal, dont la caserne est non loin de là, mêler ses jurons aux hymnes de ces religieux dévotement agenouillés devant leur madone; quelquefois je remonte à une époque moins éloignée et je me dépeins ce vaste emplacement arraché aux capucins, désert, glacé du silence de la mort, et enfin l'époque où au milieu de prétendus miracles (1), il fut cédé à la société d'orticulture de Douai qui en a fait ce qu'il est à-présent.

---

(1) Au moment d'abattre les bâtimens monastiques pour en faire un jardin, en pénétrant dans le réfectoire, long-temps fermé et livré à l'humidité, on s'imagina apercevoir plusieurs tartes toutes fraiches, on cria au prodige qui n'était rien moins qu'un agaric, énorme champignon.

Un autre miracle fit encore une impression très-vive sur les superstitieux : un tableau de la Vierge était resté contre un pan de muraille, une dévote qui le considérait avec amour, aperçut des larmes qui s'échappaient des yeux de la Sainte, et s'enfuit épouvantée.... On reconnut que l'humidité de la muraille traversant la toile alimentait la source lacrymale.

LE MUSÉE,

AUX JÉSUITES.

Après avoir donné une esquisse du jardin botanique de Douai, nous en donnerons une plus approfondie, plus détaillée sur son Musée, qui est au moins aussi intéressant : ici les idées ne sont plus riantes, les dames vont peu l'animer par leur présence, les oiseaux n'y font pas entendre leurs doux concerts, et s'ils y étalent un plumage magnifique, ils y sont fixés par la mort; tout y est morne et silencieux, aussi l'esprit s'y colore soudain d'une teinte mélancolique qui a son charme particulier, celui de l'étude et de la contemplation.

L'emplacement du MUSÉUM (1) était autrefois le couvent des Jésuites dont le sort fut d'être successivement chassés et rétablis : ce local leur fut donné en 1568, et ils en furent expulsés pour la dernière fois en 1765. Une partie de leurs bâtimens a été conservée à quelques changemens près : sur la toiture ardoisée on voit encore leur observatoire, d'où l'on distingue très-bien le clocher d'Anzin à 8 lieues de là.

C'est dans cet établissement des fils de Loyola, qu'on a placé le Musée fondé en 1793 au milieu des horreurs de la révolution : il est devenu l'un des plus beaux de France par la munificence du gouvernement et par le

---

(1) Contigu au collége royal, ci-devant l'abbaye d'Auchin.

zèle de MM. *de Forest, Liégard, Becquet de Mégille, de Warenghien, de Guerne, Duquesne, Potiez-Defroom* et *Valery* son fils, et des docteurs *Reytier* et *Tesse*.

Il possède des antiquités de divers âges, une série fort intéressante d'histoire naturelle, une galerie de tableaux, une suite servant à l'anatomie comparée. Dans le même local se trouve la bibliothèque publique qui contient 30,000 livres et 900 manuscrits venant de diverses abbayes et dont on parle dans les annuaires du pays.

Dans l'une des salles où l'on a placé la minéralogie, la conchylialogie et les insectes l'on remarque pour décors divers bustes d'hommes qui ont marqué dans le pays : ils méritent donc de fixer notre attention puisqu'ils ont influé sur notre bien être : la reconnaissance est un charme bien doux et elle aime à se rappeler ses bienfaiteurs qui sont dans la tombe; mais parmi ces bustes plus ou moins remarquables on regrette de ne pas voir celui de M. de CALONNE, qui naquit à Douai et fut ministre sous Louis XVI. Personne ne contesta ses talens; mais l'assemblée, dit Anquetil, ne vit dans le projet de M. de Calonne que la spoliation prochaine de la noblesse et du clergé : elle critiqua amèrement ses plans, et rejeta ses moyens de défense avec une mauvaise volonté si marquée qu'il résilia sa place et prit la fuite le 20 avril 1787.

Celui du célèbre MERLIN, connu sous le nom de Merlin de Douai, né à Arleux, dans le Cambrésis, en 1754, qui illustra le barreau français et particulièrement celui de Douai, qui enrichit le répertoire de jurisprudence d'une multitude d'articles, qui, acharné républicain d'abord, étonna le génie de Mirabeau, et qui fut tour-à-tour un des cinq dictateurs de la France et ministre de la justice : il entâcha sa brillante carrière en votant la mort de Louis XVI; aussi d'après l'ordonnance du 24 juillet 1815, il fut forcé de chercher un asile chez l'étranger.

Mais le musée s'énorgueillit de posséder les bustes de M. de POLLINCHOVE, le Daguesseau de la Flandre, instalé premier président à la Cour de parlement en 1710, mort en 1756 et enterré à l'église de St.-Pierre à Douai où l'on vient lire avec un respect religieux l'épitaphe qui lui fut consacrée par les jésuites.

De MICHEL (Claude-Louis-Samson), né à Maubeuge le 16 décembre 1754, et mort à Douai le 16 janvier 1814; dont la carrière fut consacrée à l'étude des sciences, à l'instruction, à la judicature et fut procureur-général près la Cour d'appel de Douai.

Du botaniste LESTIBOUDOIS, notre compatriote, assez connu par ses connaissances en botanique.

De TAFFIN (Pierre), qui découvrit les mines d'Anzin, et fut un des premiers actionnaires de cette précieuse société.

De CAULET, excellent professeur de dessin à Douai, mort dans cette ville : il a donné des maîtres à plusieurs écoles du département, notamment à Valenciennes : il a peint un grand nombre de tapisseries très-estimées et l'on vient d'offrir mille écus à Arras pour l'une d'elle. Le fils de Caulet est aujourd'hui premier dessinateur au jardin des plantes à Paris.

Dans la même salle on voit avec surprise et intérêt le SQUALE MARTEAU, énorme poisson qui atteint quelquefois jusqu'à 12 ou 15 pieds et qui pèse même jusqu'à 500 livres, il est d'une voracité si excessive que les hommes n'en sont pas à l'abri; son nom lui vient de ce que sa bouche est terminée par un T, espèce de marteau.

A côté est le CENTROPOME LOUP, connu par les marins sous le nom de *Loup de mer* : il a les machoires garnies d'énormes dents dont il fait un usage qui justifie parfaitement son épithète. Il est en effet la terreur d'une multitude de poissons et l'anatomie a reconnu qu'il avait jusqu'à cinq cæcums. Il habite la Méditerranée où on le voit briller pompeusement parmi les hôtes de la mer; son dos étincelle d'une vive lueur d'argent qui reflète un bleu céleste magnifique; ses deux nageoires dorsales sont d'un rose tendre. Quelle belle parure, mais quelle cruauté ! son éclat s'est échappé avec sa vie.

Le SQUALE MILANDRE, vivipare qui met bas de 6 à 40 petits, sa chair est désagréable.

Le BAMBOU TALIN, espèce de jonc qui s'élève jusqu'à la hauteur de nos plus grands arbres.

La COQUILLE BENITIER ou *Tridacne Géante*, qui atteint quelquefois 4 ou 5 pieds de large et pèse plus de 400 livres. On en a trouvé des valves séparées que plusieurs hommes ne pouvaient lever; aussi une centaine de personnes peuvent-elles diner avec une seule de ces coquilles. A Paris l'une de ces valves donnée à François I.er, par la république Vénitienne, forme le bénitier de Saint-Sulpice.

On voit encore ici une suite fort belle de papillons, d'insectes aux couleurs d'or, d'argent, d'azur, etc.; de crustacées aux formes monstrueuses : parmi les premiers nous remarquerons :

L'ATLAS, énorme, magnifique phalène de la Chine, portant sur ses ailes de grandes taches transparentes comme des glaces : le corps est remarquable par sa petitesse eu égard à ses ailes gigantesques.

Le GRAND MARS dont les couleurs à reflets changent avec le moindre rayon lumineux : c'est un des plus beaux de l'Europe par l'élégance de ses formes et la vivacité de ses couleurs, il est tantôt brun, tantôt violet tirant sur le bleu d'outremer, ce qui dépend de l'influence des rayons lumineux.

Le NACRÉ qui porte des compartimens aux couleurs irisées de la nacre.

La PHALÈNE CHINÉE dont les ailes inférieures sont aurores, chinées de noir, tandis que les ailes supérieures sont d'un blanc jaune également chinées.

Parmi les insectes : les SCORPIONS qui, au premier aspect, ressemblent à l'écrevisse; et qui sont armés sur la queue d'un dart vénimeux : j'ai vu dans les pays méridionaux un chien piqué par cet insecte se couvrir d'écume, se gonfler ensuite, et ce n'est qu'après l'avoir bien lavé avec de l'eau fraiche, après lui avoir appliqué sur la piqûre un appareil d'huile de Scorpion (car il porte le remède avec lui) qu'on est parvenu à arrêter l'effet du venin. Les Scorpions s'entre-dévorent entr'eux et la femelle même, n'épargne pas toujours ses petits. En Espagne sa piqûre peut devenir mortelle.

Le SCARABÉE HERCULE aux longues antennes, genre *Coléoptère*, que les Egyptiens regardaient comme étant tous mâles et exempts entr'eux de copulation ; c'est pour cette raison qu'ils le sculptaient au bas des statues des héros, pour exprimer le courage mâle et guerrier, pur de toute faiblesse, vertu qu'ils regardaient comme n'appartenant qu'aux âmes vraiment héroïques.

Le PRIONE à la taille gigantesque, à la forme de *Capricorne*, dont le nom grec signifie *Scie ;* parceque ses antennes qui ont deux fois la longueur du corps, ont la forme de cet instrument ; on le trouve dans l'Amérique méridionale.

Dans les cadres de Crustacées : des crabes aux formes hideuses : ils habitent le bord des rochers où ils se livrent souvent des combats terribles lorsqu'ils se disputent une femelle : on les voit s'entre-déchirer avec leurs pinces meurtrières : *Victor dorso fœminam submittit et post coïtum in pedibus ultrò reponit.* En 1605, *François Drack*, navigateur anglais, fut assailli par des crabes monstrueux qui en firent leur proie...., On remarquera avec étonnement le TALITRE, la SQUILLE, la LANGOUSTE qui ont beaucoup de rapports avec les crabes et les écrevisses, et dont les mœurs sont identiques.

MINÉRALOGIE.

Après avoir passé rapidement sur les curiosités placées pour décors dans ce vestibule, faisons un examen de ses richesses minéralogiques, de ces métaux qui colorent tant de substances et dont l'étude savante est affectée à un petit nombre de personnes.

Cette collection récemment classée par M. Clère d'après le système d'Hauy, est une des plus belles de province (1). Elle contient des échantillons de la plus rare beauté, spécialement des morceaux d'or, d'argent et de cuivre.

Parmi les pierres faisant feu sous le briquet, on remarque une belle série de quartz, vulgairement cristal, dont les faces toujours à angles égaux, sont une des preuves nombreuses de la marche uniforme de la nature : quelle précision mathématique dans cette formation extraordinaire dûe à des particules quartzeuses et invisibles, entraînées dans les eaux ! comment peuvent-elles se consolider ainsi ? qui leur trace ses lois fixes et immuables ?

Là j'ai observé surtout un superbe échantillon de QUARTZ HYALIN INCOLORE, cristal répandu à plusieurs points du globe, dans les cavités ; on le recueille dans les Alpes, et spécialement à Madagascar où il est d'une très-belle limpidité et d'une grosseur prodigieuse ; on le taille, on en fait des vases qui ont un grand prix et qui réfléchissent les couleurs de l'arc-en-

---

(1) Mais elle manque malheureusement d'un professeur. Nous possédons à Douai un ingénieur au corps royal des mines, M. Clère, dont la modestie égale la science ; faisons des vœux pour que l'administration municipale qui, sans cesse, est occupée à répandre les lumières et la science dans la nouvelle génération douaisienne, emploie de vives sollicitations auprès de ce concitoyen pour lui faire accepter une chaire de minéralogie.

ciel, spécialement quand ils sont à facettes. Le lapidaire en fait aussi de faux diamans qui ont beaucoup d'éclat et qui demandent la sagacité du connaisseur pour n'y être pas trompé.

Des hommes suspendus à des cordes se font descendre dans les filons, dans les précipices pour le recueillir. Les anciens l'employaient dans les arts : l'histoire raconte que Néron, dans un moment de colère, brisa une coupe en cristal, évaluée 15,300 francs.

Ensuite vient un groupe magnifique de QUARTZ HYALIN VIOLET, dont la couleur est dûe au manganèse qui, dans les arts, colore le verre en violet; on le taille pour en faire des cachets, des breloques, etc.

On regrette dans cette belle série de quartz, de ne pas y trouver le quartz limpido aerohydre, que j'ai vu dans une collection (1) particulière de cette ville.

On remarque un beau morceau d'AVENTURINE produit de l'art : c'est une substance vitreuse, étincelante de parcelles d'or et dont on fait également des bijoux; cette découverte est dûe à un ouvrier qui laissa tomber de la limaille d'or ou de cuivre dans du verre en fusion; de là, le nom aventurine, c'est-à-dire, qui fut trouvé par aventure.

Une suite d'AGATES de diverses espèces, l'ONYX qui figure des rubans; des AGATES HERBORISÉES; du bois agatisé, car la nature s'amuse à pétrifier des

---

(1) Chez M. Clère : ce cristal intéressant renferme deux bulles fluides qui, se promenant dans toute la longueur, forment un niveau naturel aussi exact qu'extraordinaire.

végétaux, elle a, comme Minerve, une égide aussi dont l'aspect convertit en pierre.

L'OPALE aux couleurs d'or chatoyantes, substance très-précieuse dont on fait des bijoux.

Une belle série de jaspes aux nuances variées et brillantes dont les anciens et les modernes font des vases, des colonnes et mille ornemens somptueux dont les anciens palais étaient décorés ; j'ai vu au cabinet de Paris, des vases énormes, des pilliers, des fontaines en jaspes, venant des anciens ; c'est une illusion de magnificence qui étonne.

Le LAPIS LAZULI, belle pierre d'azur, quelquefois parsemée de parcelles d'or, substance précieuse, qu'on trouve en Chine, en Perse, et dont on décore les palais du pays : c'est du lazuli, qu'on tire le *bleu-d'outremer*, le plus précieux connu dans la peinture.

Plus loin viennent parmi les pierres tendres, l'ASBESTE, l'AMIANTE, connues sous le nom de cuir fossile, substance grise verdâtre, filamenteuse, dont les noms empruntés du grec signifient *invincible, inextinguible* : on en faisait et l'on en fait encore des *toiles* que le feu blanchit sans les consumer. On en fabrique même des chemises : tout le monde connaît un gros et riche personnage qui est parmi nous le type de la parcimonie et à qui j'espère être agréable en lui parlant de chemises d'amiante ; il peut éviter par là des frais de blanchissage, ce qui serait très-avantageux pour lui et pour toute sa maison.

Cette vertu d'être inaltérable au feu servait aux anciens pour consumer leurs morts, afin de conserver leurs cendres intactes de celles du bûcher; on en fait du papier incombustible dont l'écriture disparaît au feu; on le recueille dans les Alpes et dans les Pyrénées.

Ensuite arrive le TALC, substance diaphane et flexible, qu'on peut séparer en feuilles; on s'en servait autrefois pour faire des vitres, spécialement dans les vaisseaux : il est en usage dans les arts, dans la peinture.

Le MICA qui n'est peut-être qu'une variété du talc; on le trouve couleur d'or, d'argent, vert; on le rencontre en parcelles brillantes d'or sur le bord de plusieurs fleuves; j'en ai recueilli sur les sables du Rhône qui roule également des parcelles d'or, de sorte qu'il faut beaucoup d'habitude pour l'en distinguer. Il sert pour sécher l'écriture.

Parmi les substances acidifères on voit un superbe échantillon de SEL GEMME qui se trouve en mine comme les métaux, on en a découvert une dans le département de la Moselle; mais elle fut perdue par l'imprudence ou plutôt par la négligence des ouvriers mineurs qui, malgré les avertissemens de l'ingénieur éclairé dont j'ai parlé, l'ont laissée en proie aux eaux; on en trouve une variété rare, sans doute colorée par l'action de quelques métaux : en Pologne on exploite une mine de sel gemme très-intéressante; on en a fait une ville souterraine, des enfans y sont nés, et je me rappelle en avoir vu dans mon enfance un dessin chez M. Hécart à Valenciennes, représentant un autel surmonté d'un crucifix en sel, on y disait la messe. J'ignore l'état actuel de cette mine. Quand ces masses de sel se trouvent éclairées par des lustres, par des torches, leur éclat prismatique doit faire l'effet d'un palais enchanteur; mais dans ces voûtes souterraines on n'a jamais ressenti la douceur des zéphyrs et du soleil !...

Une belle suite de CHAUX de plusieurs formes et variétés, espèce nombreuse, parmi lesquelles l'imagination s'amuse à remarquer les jeux de substances ferrugineuses connues sous le nom de *dendrites*, qui figurent des arbres en miniatures. On y trouve l'ALBATRE dont on fait un grand usage dans les arts et qui a souvent servi de comparaison aux poëtes, lorsqu'ils ont voulu peindre la blancheur : des STALACTIES qui, dans la nature, sont suspendues aux grottes et qui s'y forment, *penduli*s *forma*, en suintant par des cavités et se durcissent par un phénomène expliqué en minéralogie.

Parmi les combustibles, on remarque un énorme échantillon géodique de SOUFFRE CRISTALLISÉ artificiel, magnifique : on le recueille particulièrement dans le voisinage des volcans.

Le DIAMANT, qu'on ne voit pas sans étonnement figurer dans les combustibles : et pourtant le chimiste a reconnu qu'il était un *charbon*, mais d'une parfaite pureté. On a démontré dans le 17.e siècle qu'il brûlait sans résidu. Le diamant vient de l'Inde, du Brésil et des mines de Golconde ; les anciens, Homère, Horace, Pline, nous parlent du diamant, mais qu'ils devaient peu en connaître l'éclat, s'il est bien vrai que ce n'est qu'en 1456, qu'on est parvenu à le tailler, à le polir.

On y voit du SUCCIN, vulgairement nommé *Ambre*, connu des latins sous le nom d'*Electrum* dont on a fait *électricité* ; il a en effet la propriété de s'électriser par le frottement ; tous les enfans en ont fait l'expérience ; un échantillon de cette substance diaphane contient une *mouche*, c'est probablement qu'on le rencontre liquide et qu'il se durcit : l'histoire minéralogique et les récits des voyageurs nous disent que ces accidens sont assez communs, on le travaille, on en fait des colliers, notre cabinet d'antiquité contient un sceptre d'ambre magnifique.

Enfin, arrivent les métaux qui jouent un rôle si grand dans la société humaine : on y voit 1.º un échantillon de PLATINE ou or blanc, métal nouvellement connu, venu du Pérou ;

2.º L'OR, dont tout le monde connaît le bienfait et les crimes dont il est cause. Faut-il qu'on ait été l'arracher aux entrailles de la terre ? que des malheureux aillent s'engloutir tout vivant au milieu des travaux les plus pénibles, où ils passent misérablement une misérable vie ! là, sont, pour la plupart, de grands criminels ; mais en les plaignant voudrions-nous qu'il en fût autrement ?

3.º De très-beaux échantillons d'ARGENT NATIF, de MERCURE, de PLOMB, de CUIVRE ; des échantillons magnifiques de ce dernier métal proviennent des exploitations des mines de CHESSY, près Lyon.

4.º Du fer et du FER AEROLITHE, tombé de l'atmosphère, comme l'indique le mot ; phénomène étonnant qui a joué un grand rôle dans la superstition, qui le regardait comme des fragmens tombés des montagnes de la lune ; phénomène enfin que je laisse à l'explication du physicien, qui peut faire beaucoup de conjectures, sans pouvoir en démontrer aucune.

5.º Du FER OXIDULÉ ou *aimant*, métal terreux, d'un brun noirâtre dont les effets surprenans nous sont connus ; mais sait on ce qui peut lui donner cette puissance d'attraction et de répulsion ? O homme, humilie l'orgueil de ton génie, et confonds-toi en voyant cette sympathie et cette antipathie dans les métaux, comme parmi les animaux !

6.º A la suite viennent plusieurs variétés de fer dont l'étude est extrêmement intéressante.

7.º L'ARSENIC, dont le nom seul nous glace, nous fait éprouver un sentiment pénible ; pourquoi le Créateur lui a-t-il donné cette puissance malfaisante qui fait gémir l'humanité ? Peut-être cette prétendue *puissance malfaisante* est-elle utile au grand œuvre du monde. N'est-ce pas plutôt l'homme qu'on doit blâmer ? Pourquoi va-t-il l'arracher aux entrailles de la terre ?

CONCHYLIALOGIE.

A la suite de la superbe collection de minéralogie vient une belle série de coquillages, dont l'immense variété de couleurs et la diversité des formes réjouissent la vue, excitent la curiosité ; nous ne pouvons nous arrêter qu'aux plus intéressans.

L'ANATIF, qui pend à des *fucus* dans l'esprit de

vin, est une multivalve qui s'entrouve pour laisser sortir un faisceau de 24 bras, organes du tact.

Le TARET, acéphale vermiforme, qui devient trop souvent la perte des navigateurs négligens : parceque creusant le bois pour s'y chercher un abri contre ses ennemis, il vient se loger dans la carène des vaisseaux où il multiplie prodigieusement et les fait couler à fond. L'unique moyen de les en garantir est le doublage en cuivre : en Hollande, il attaque les digues et les détruit.

La PHOLADE qui a la singulière propriété de percer les rochers pour s'y loger : sans doute elle emploie un fluide dissolvant que lui a donné la nature. La nuit on la voit répandre une lueur phosphorique sur les rochers. Elle sert comme comestible.

Le MARTEAU, coquille ressemblant à l'instrument dont elle porte le nom, douée d'un organe propre à filer une espèce de byssus dont elle se sert pour se fixer aux rochers, et pour éviter d'être entraînée par la violence des vagues.

La PLACUNE, coquille bivalve, extrêmement aplatie et transparente, que les Chinois emploient pour vitrer leurs fenêtres.

Les PEIGNES, genre nombreux, charmant, varié à l'infini, nourriture fort agréable dont on se sert dans les pays maritimes ; les pèlerins en ornent leurs chapeaux et leurs habits, pour prouver qu'ils ont rempli le but de leur voyage : ils se parent spécialement de celui connu sous le nom d'*huître Saint-Jacques*.

Les MOULES offrent aussi des nuances brillantes de couleurs bleues, roses, violettes; surtout celles qui proviennent des pays chauds, où la nature semble être prodigue en magnificence : la *moule* qui justifie l'idée d'hermaphrodite, puisque chacune d'elle se suffit à elle-même pour la génération qui joue en automne un rôle sur nos tables et devient dangereuse en été parce qu'elle contient souvent alors du frais vénéneux, d'une espèce d'étoiles de mer.

La MODIOLE LITHOPHAGE, qui creuse les rochers où elle se blottit pour y passer sa vie.

La PINNE COMMUNE, qui file une sorte de *byssus* dont on fait des tissus.

Le STROMBE, dont les lèvres brillent d'une magnifique couleur rose et dont on orne les cheminées.

Les PORCELAINES, genre nombreux, aux couleurs agréables, dont on fait des tabatières, des colliers, etc. ; dans quelques parties de l'Afrique, on se sert comme de monnaie d'une petite espèce de porcelaine nommée *Cauris*.

Le ROCHER, hérissé de bourrelets épineux ou frangés et qui possède comme une multitude d'autres mollusques, un acide qui dissout leur coquille quand ils ont besoin d'un plus vaste logement et qu'ils reproduisent par un phénomène inconnu aux recherches des naturalistes.

Le ROCHER TROMPETTE, parce qu'en brisant l'extrémité de sa spire, on peut en tirer des sons comme d'une trompette; les anciens s'en servaient dans les combats, et à Douai, les garçons boulangers pour annoncer le pain nouvellement défourné.

La POURPRE, cette coquille autrefois si célèbre,

spécialement la *pourpre de Tyr*, mais qui, depuis la découverte de la cochenille, a perdu beaucoup de son crédit : la liqueur colorante qui lui a fait donner son nom, se trouve dans une espèce de vessie que porte l'animal auprès de l'estomac, mais ce réservoir est très-petit : de là l'explication du grand prix de cette couleur chez les anciens.

BELEMNITES corps fossile, en forme de javelot, que certains naturalistes regardent comme des dents de crocodiles; mais que la plupart des conchyliologistes pensent être des fragmens de coquillages pétrifiés.

NAUTILE PAPYRACÉ dont la coquille transparente en forme d'esquif est aussi mince qu'une feuille de papier. L'animal à la forme singulière, la dirige au-dessus des eaux à l'aide de ses bras nerveux, semblables à des mâts garnis d'une membrane très-fine, qui forment les voiles, tandis que d'autres membres vermiformés lui servent de rames.

Des AMMONITES ainsi nommées parce qu'elles étaient consacrées à Jupiter-Ammon : les anciens lui croyaient la vertu de faire interpréter les songes : le *salagraman* des Indiens, est une sorte d'*ammonite* vivante, auquel les Bramines font un sacrifice chaque jour.

Le POULPE aux bras allongés et flexibles, aux couleurs nuancées, enlasse sa victime sans qu'elle puisse se dégager. On a vu un aigle qui en enlevait un, être entortillé par le cou dans les nœuds de ces bras, être étouffé et retomber dans la mer avec le poulpe qui, après l'avoir noyé, en faisait sa proie.

Le CALMAR dont le nom dérive de *calamar*, vieux mot français qui signifiait encrier, parce que semblable à la sèche, elle distille une liqueur noire : cet animal singulier, comme le précédent, a la tête entre les pieds et le ventre, il mord cruellement quand on le prend et présage la tempête en s'élançant hors de la mer. (Voyez Denis Monfort, hist. nat.).

La CARINAIRE, coquille univalve de la plus grande rareté, en forme de bonnet phrygien plissé et d'une fragilité excessive : les premières qu'on a découvertes dans le 18.e siècle, ont été vendues des prix exhorbitans.

Suite d'OURSINS, animal marin sphérique qui, pendant sa vie, est hérissé d'épines mobiles qui lui servent de jambes pour se mouvoir : on le mange dans les pays maritimes.

ETOILES DE MER, espèce de *zoophyte étoilé*, dont le nombre des rayons varie selon les espèces, il en existe qui sont garnies d'épines dont les piqûres sont douloureuses, elles ont cinq dents qui leur servent à percer les coquilles dont elles font leur proie et à s'attacher aux rochers lorsque la mer est houlleuse ; leurs rayons se déchirent au moindre choc, mais la nature leur a donné la faculté de se réparer promptement.

Blocs magnifiques de MADREPORES, produits par de petits animaux marins, ils sont communs dans la mer des Indes, croissent au fond des eaux où ils forment des forêts de plusieurs lieues.

Le CORAIL dont on fait des colliers, substance marine fort singulière, qu'on prenait autrefois pour un arbrisseau fossile ; mais on a reconnu qu'il servait de cellules aux polypes, à ces zoophytes merveilleux qui, comme l'Hydre de Lerne, se multiplient à mesure qu'on les coupe en morceaux.

ANTIQUITÉS.

La salle des antiquités a été classée suivant la méthode de Montfaucon : après les souvenirs de l'Egypte, de la Grèce et de Rome, on a placé ceux du moyen âge, époque visitée spécialement par les écrivains romantiques, parce qu'elle a quelque chose de si pittoresque et de si mélancolique ; c'est là qu'on sent bien cette tristesse poétique qui nous pénètre en apercevant ces preuves de notre fragilité ; c'est là que l'orgueil se tait et s'humilie. Qui peut rester indifférent en voyant réuni cette suite de vestiges que le temps semble nous avoir laissés avec une sorte de regret : aussi, par un heureux rapprochement, l'on a mis auprès de ces ruines antiques un *crâne* et un *fémur* trouvés dans un tombeau romain, l'homme et ses ouvrages périssent; peut-être ces ossemens sont-ils les restes d'un empereur ou d'un consul que la flatterie et l'adulation ont mis au rang des dieux; peut-être....., car la mort efface toutes les distinctions, c'est alors qu'il y a vraiment égalité. L'égalité des vivans n'est qu'un mensonge, une déplorable chimère.

Le premier objet qu'on remarque en entrant est un magnifique TRÉPIED romain, espèce d'autel en bronze, haut d'un mètre environ ; les trois pieds sont terminés, chacun à la partie supérieure, par une tête de *bacchante*, et l'un deux est orné vers le centre d'une tête de *panthère*, d'après ces attributs, ce trépied semblerait avoir appartenu au culte de Bacchus; il supporte un plateau, espèce de réchaud où l'on brûlait des parfums offerts à la divinité.

A la suite sont rangées plusieurs PATÈRES, espèce de coupes en airain, de diverses grandeurs, l'une est ovale, les autres rondes : on y versait, pour boire et pour distribuer aux convives, le vin qui était contenu dans un vase beaucoup plus grand nommé PROEFERICULUM ou amphore, et qu'on voit à côté : ce dernier vase a une anse à l'extrémité de laquelle se trouve une tête que je crois être celle du dieu *Terme*, dont la figure est ciselée sur la convexité du vase : il tient dans chaque main un *serpent*, emblème de la prudence, et à l'opposite l'on voit un *fleuve* personnifié, à longue barbe limoneuse, appuyé sur son urne limpide.

On remarque ensuite un SYMPUVIUM ou SIMPULUM, vase qui servait dans les sacrifices à répandre des libations sur le brasier ardent, ou sur le front couronné de l'holocoste au moment où le prêtre sacrificateur l'égorgeait avec le DOLOBRA, couteau victimaire, qui se trouve également ici : il est placé derrière un grand plateau destiné à recevoir le sang des victimes; à côté est un MARTEAU dont on se servait pour en frapper le front, et une petite FOURCHE à deux dents dont chacune est encore divisée en deux; cette fourche, à l'usage des aruspices, était employée pour remuer les entrailles palpitantes où ils prétendaient lire l'avenir devant le peuple superstitieux.

Plusieurs CUILLERS employées dans les sacrifices. Une multitude de petites statues romaines et étrusques en bronze qui sont probablement des DIEUX LARES : Cicéron en comptait plus de 10,000 ; on remarque parmi ces petites statues une BACCHANTE presque nue, qui semble danser animée par l'ivresse ; un voile, comme par hasard, sert une pudeur qu'elle n'a pas ; une petite figure de MARS, entièrement nu, surmonté d'un casque et provenant des fouilles de Bavay (1) ; une tête très-belle de Cicéron, de cet orateur romain qui illustra le barreau et dont la tête sanglante fut attachée, par l'ordre d'Antoine, à la tribune aux harangues.

Une tête de plomb qu'on a intitulée, je ne sais pourquoi, *tête de Bacchus* : je ne vois rien qui puisse fonder cette opinion : cette tête pleure, et Bacchus, au contraire, est toujours riant ; l'ivresse doit être épanouie sur son visage, il est ordinairement couronné de lierre et de pampre : rien de tout cela.

Ensuite viennent plusieurs Amulettes égyptiennes ; petites figures de granit ou de métal qu'on déposait dans les tombeaux : on dirait des figures emmaillottées, l'une porte quelques hieroglyphes.....

Quinze urnes cinéraires romaines en tête grise,

---

(1) Bavay, capitale des Nerviens, à 4 lieues de Valenciennes, ville antique et célèbre où les antiquaires ont fait des travaux archéologiques.

provenant de la collection de M. Delegorgue, conseiller de cette ville. Ces urnes étaient destinées à contenir les cendres des morts : car, chez les romains comme chez les grecs, les cadavres, enveloppés d'un drap incombustible d'amiante et qu'on arrosait de parfums, étaient réduits en cendres. Après la combustion, un des amis du défunt lui disait : adieu pour toujours, nous te suivrons tous dans l'ordre que la nature voudra (*vale et in ordine naturæ te nos sequamur*).

A côté, l'on voit des urnes lacrymatoires où les parens et les amis du défunt (*conjuncti familiaresque defuncti*) déposaient leurs larmes, tribus de leurs douleurs; tandis que suivant le corps au bûcher, des pleureuses, femmes qui faisaient profession de pleurer, faisaient entendre des cris lugubres et se frappaient le sein; le monde est rempli de comédies, même jusque dans les funérailles!...

Des LAMPES SÉPULCRALES qu'on entretenait dans les tombeaux des grands et des riches : toutes les religions semblent généralement honorer leurs morts en faisant brûler auprès des flammes sombres et vacillantes : seraient-elles une allégorie? veut-on dire que la vie semblable à un faible flambeau finit par s'éteindre?

Une énorme TUILE, provenant de Famars (1) : elle a au moins 2 pieds carrés et 1 pouce 1/2 d'épaisseur. Tout était gigantesque chez les anciens, spécia-

---

(1) Famars, *Fanum Martis*, à une lieue de Valenciennes, où l'on a fait des fouilles. J'y ai vu des fondations de temples, des blocs aglomérés de médailles et des vases qu'on en retirait.

lement en Égypte et à Rome; l'architecture grecque était plus svelte, plus élégante; Rome imita l'architecture de l'Hellénie, mais en adoptant un peu de la pesanteur égyptienne, car elle était jalouse d'éterniser sa gloire : voilà pourquoi, sans doute les constructions romaines ont survécu à tant de siècles, comment anéantir des tuiles de cette force ?

Plusieurs clefs antiques et gothiques.

Dix-huit VASES ÉTRUSQUES, très-beaux, en terre rouge vernissée, de diverses formes; l'un est encore doré : entr'autres on remarque une THÉIÈRE perforée symétriquement et renfermant un autre vaisseau destiné à contenir le liquide; trois vases de formes singulières dont la partie la plus renflée est entourée de protubérances semblables aux mamelons d'une femme; je crois qu'on en a fait une allégorie de l'*abondance*.

Après viennent des débris d'*Armure*, la partie supérieure d'un CASQUE EN FER trouvé à Bavay; auprès un GLAIVE également romain, tranchant des deux côtés; ce glaive a peut-être exercé ses ravages dans les Gaules, dans le monde entier; mais que sont-ils devenus aujourd'hui ces romains dont le nom seul répandait la terreur parmi les nations ? Cette reine du monde aujourd'hui a courbé le front !.... et les ruines éloquentes de Rome antique, les ruines de la patrie de Cassius, de Brutus, de tant de héros, laissent l'apathique italien dans l'esclavage !....

Voilà ce que dans ma course j'ai remarqué de plus intéressant sur les antiquités; quand les siècles se seront encore appesantis sur ces débris, il n'en restera plus que de la poussière et cette poussière sera, par le vent, emportée invisible dans l'immensité...... Après cela peut on concevoir l'orgueil de l'homme dont les traces sont si vite effacées !.....

MOYEN AGE.

Nous arrivons aux curiosités du moyen âge, à ces restes des siècles de chevalerie dont l'aspect inspirait Walter Scott, et fournissait à ses pinceaux des couleurs si vives, si fidèles ; on dirait que pour lui la chevalerie était sortie du tombeau et que sous ses yeux se livraient de dangereux tournois ; en lisant *Ivanoé* ne croirait-on pas remonter avec lui aux siècles de Richard cœur de Lion ? Il est malheureux que le moyen âge n'ait pas plus amplement gratifié Douai de ses souvenirs, car ils sont bien plus intéressans pour nous que les antiquités de l'Egypte et de Rome ; ces armures, ces objets religieux, ces instrumens de supplices que nous possédons, ont appartenu à nos aïeux ; ils ont eu une part directe sur les destinées de la France, et l'on ne peut douter que nous n'en ressentions même encore aujourd'hui l'influence ; voilà donc un titre bien vif pour nous intéresser ; ils nous indiquent la manière d'être des anciens Français, et les changemens que le temps a apportés dans nos mœurs et dans nos usages ; ils nos font connaître les progrès de notre civilisation et de l'accroissement de notre industrie, de nos lumières, de notre perfectionnement ; car alors le peu de Français éclairés étaient engloutis au fond des cloîtres; les moines, les religieux seuls cultivaient les sciences, mais on n'y trouve point ce génie qui se *géantise*, il était accablé par les chaînes de la féodalité et de la superstition; aussi un état opprimé donne-t-il les mains à la barbarie. Nous devons donc nous réjouir du pas immense qui laisse l'industrie de nos ancêtres si loin derrière nous; la guerre a changé entièrement ses batteries depuis l'invention du salpêtre, mais en cela je ne sais si nous devons nous en féliciter, car je crois que l'on doit déplorer la fureur des hommes qui les porte à s'entredéchirer; et qui peut douter que nos canons vomissent la mort avec bien plus de carnage que ne pouvaient le faire les francs avec leurs arbalètes, qui sont ici au nombre de trois; elles peuvent avoir un mètre de longueur: il est à présumer qu'elles ont appartenu à quelques chefs arbalétriers, car elles portent l'empreinte de la magnificence de leur siècle; peut-être viennent-elles de la compagnie d'arbalétriers de Douai, dont l'archiduc *Maximilien*, époux de l'illustre Marie, reconnut, par des lettres datées de Bruges, les services éminens, de ces braves arbalétriers qui se signalèrent au siège d'Arras; à côté on voit des flèches d'arbalète, en chêne, renflées vers le milieu, et le fer est de forme prismatique triangulaire. Cette arme était terrible et souvent celui qu'elle atteignait se trouvait obligé de la faire traverser en entier, car les dents qui y sont crénelées eussent, en rétrogradant, déchiré les chairs encore davantage; quelquefois ces flèches étaient empoisonnées, car le poison jouait alors son rôle épouvantable dans toutes les circonstances, on empoisonnait même les fontaines; l'aspect de ces flèches nous glace, qui sait si elles n'ont pas été teintes du sang de quelqu'un de nos ascendans, car nos aïeux n'ont-ils pas été aussi victimes des affreuses guerres civiles !...

On voit ensuite, plusieurs épées et glaives de chevalerie de divers âges; l'on combattait alors beaucoup à cheval, aussi ces épées sont-elles très-longues et d'une pesanteur extraordinaire, quelle différence entre nos épées si légères ! les hommes étaient-ils plus robustes alors (1) ? En effet, pourrions-nous supporter ces pesantes cuirasses, ces lourds boucliers, ces casques énormes dont étaient affublés les vieux Français; contemplons ce *glaive* qui, selon la coutume d'autrefois, a dû recevoir un nom propre; avec la poignée il peut avoir 5 pieds de long. En nous rappelant le temps de la chevalerie, pour le peu que notre imagination s'anime il nous semblera voir deux chevaliers qui, dans un tournois, la visière baissée, le fer en arrêt, montés sur leurs coursiers écumeux, s'élancent l'un contre l'autre au milieu d'un amphithéâtre silencieux de spectateurs, de dames, où se trouvent peut-être celles de nos deux champions.

Des ARQUEBUSES dont on s'est servi pour la première fois sous les murailles d'Arras, au commencement du 15.ᵉ siècle, et d'*anciens fusils* de diverses époques, l'un de *rempart*, à mèches.

---

(1) Agricola......,
Grandiaque effossis mirabitur ossa sepulcris.
(Virgile, géo., liv. 1.ᵉʳ, vers 496).

Deux GRENADES ANGLAISES en verre, trouvées par les français à Saint-Sébastien, dans la retraite de *Vittoria*, en 1808.

Un BOULET RAMÉ, en usage dans les combats sur mer.

Plusieurs CASQUES ÉNORMES en fer, à l'usage des mineurs.

Un POIGNARD INDIEN placé au milieu d'armures anciennes de la Gaule, sans doute par un anachronisme involontaire ; sa poignée en corne est grossièrement garnie de petits ornemens en ivoire ; à côté se trouve un POIGNARD ROMAIN provenant des fouilles de Bavay.

Il est malheureux que le Musée de Douai ne possède pas plus d'armures du moyen âge : je regrette de ne pas y trouver la *cotte de mailles*, des *brassarts*, des *boucliers*, des *cuirasses*, des *cuissarts*, enfin toutes ces armures de métal dont se couvraient nos aïeux, ou plutôt dans lesquelles ils s'emprisonnaient pour aller au combat, et qui cependant ne les rendaient pas invulnérables. Je me rappelle avoir vu au Musée de Valenciennes une cuirasse en cuivre percée d'un coup de lance. Les temps sont bien changés ! un français rougirait aujourd'hui de se garantir par de semblables moyens ; dans les duels l'on se dépouille même de ses légers vêtemens, en est-on plus sage ?

A la suite de ces armes vient un trousseau de CLEFS GOTHIQUES, qu'on dit avoir été celles de la place de Douai ; mais ce n'est pas probable, car autrefois tout était lourd et gigantesque ; les portes des villes étaient au moins aussi énormes qu'elles le sont aujourd'hui, et les clefs devaient être fortes également, tandis que celles-ci sont toutes fluettes. Elles furent trouvées en déblayant un fossé.

A côté on voit des bas-reliefs, des figures en marbre représentant plusieurs scènes du christianisme. Ces objets remontent au 13.ᵉ siècle; ils peuvent nous donner une idée de la sculpture grossière de cette époque : les temps ne vont pas toujours en se perfectionnant ; il semble qu'arrivés à un haut degré d'accroissement, les hommes doivent tomber dans la barbarie de l'ignorance; en effet, pourrait-on mettre ces bas-reliefs auprès des chefs-d'œuvre de Phidias et de Xeuxis !..... Mais les grecs étaient libres, le moyen âge était sous les fers de la féodalité, il n'en faut pas davantage car les arts et le génie se ressentent toujours de l'oppression.

Un de ces bas-reliefs représente la PASSION : des anges suspendus dans les airs recueillent dans des coupes le sang sacré qui coule des blessures du Sauveur, et autour de la sainte croix une vigne roule en spirale : serait-ce l'emblème de la prière qui, dans son humilité, s'élève jusqu'à la divinité ? Sur les rameaux de cette vigne l'artiste a assis des femmes : quelle imagination fantasque ! comment supposer à des branches qui sont naturellement frêles, assez de force pour supporter un poids aussi lourd ! nos bons aïeux probablement trouvaient ces idées fort ingénieuses.

Auprès se trouve un ancien CRUCIFIX, le Dieu expirant penche sa tête sur la croix des chevaliers de Malte ; il vient peut-être de leur ancien prieuré, occupé précédemment par les templiers qui le fondèrent en 1155.

Une MARIE - MAGDELAINE en buis, très-bien sculptée : elle est assise devant sa toilette où elle arrange ses cheveux, lorsque soudain elle semble rester immobile, occupée d'une idée profonde; peut-être une inspiration céleste vient l'engager à se jeter dans les bras de la pénitence.

Un bas-relief représentant ABEL SOUS LA MASSUE DE CAIN.

Un fragment d'épitaphe, venant d'un tombeau de l'abbaye de Saint-Amand, sur lequel est gravé un religieux de cet ordre; il tient les mains jointes au-dessus d'un calice surmontée de la divine hostie.

Un groupe en albâtre d'un pied de haut, représentant une femme qui allaite un enfant, qui semble savourer la mamelle avec avidité, tandis qu'un autre plus âgé est aux pieds de la mère : on dirait qu'il est dans la douleur de la convoitise et qu'il réclame la place de son frère, son regard semble parler.

Enfin sur le plancher on voit deux pierres DE LA BASTILLE avec le plan de cette prison, rédigé par *Pallon*, et le modèle en relief de cette même prison si célèbre dans l'histoire par la détention d'une foule de grands personnages, et détruite par le vandalisme révolutionnaire, le 14 juillet 1789.

Nous voyons également sur le plancher d'énormes poutres, instrumens d'une torture nommée GÊNE, dont se servaient les seigneurs pour punir ceux qui chassaient sur leurs terres ou qui coupaient des branches d'arbres dans leurs bois : on faisait passer les jambes et les poignets du coupable dans une ouverture, et il ne pouvait se dégager sans assistance ; cet instrument vient du château de Montigny en Ostrevent, fondé en 1300 par les princes d'Aremberg.

Dans l'armoire opposée l'on voit jeté au hasard, auprès d'objets chinois et étrangers, le VERRE DES HUIT-PRÊTRES dont le bord semble être orné de caractères hébreux ; si réellement il portait une inscription, il serait intéressant de la faire interprêter : à côté se trouve son *étui en cuir*; la maison des Huit-Prêtres (1) fut fondée à Douai, par Margueritte Mullet, en 1330 ; on pense que ce *verre* leur a été légué par cette fondatrice ; mais il semble d'après le facies qu'il est beaucoup plus moderne.

TROIS PINTES DU 15.e SIÈCLE, en terre blanche armoiriées du double aigle.

Un SCEPTRE D'AMBRE magnifique ; ce morceau précieux est d'un grand intérêt, il est pénible qu'on ne connaisse pas à qui il a appartenu, ni quelle est son origine.

Deux PLATS GOTHIQUES très-beaux ; l'un particulièrement se fait admirer par l'éclat de ses émaux ; il est fleurdelisé, on y voit en or les armes du dauphin. Depuis l'invention de la porcelaine la poterie a bien dégénéré chez nous, aussi ces plats gothiques sont supérieurs à ceux que nous faisons aujourd'hui, non par l'élégance des formes, mais par l'éclat de ses couleurs.

---

(1) Lorsque l'un d'eux mourait un huitième venait le remplacer ; la rue où était leur établissement porte encore leur nom.

Plus loin vient un COLLIER EN FER ; on peut le resserrer à volonté ; la circonférence intérieure est garnie de pointes en fer ; ce collier servait à donner la question. Les aveux arrachés par la douleur ne sont souvent que des mensonges ; ne pouvant endurer plus long-temps le supplice, le patient, même innocent, n'était-il pas obligé de s'avouer coupable? Si la philosophie avait lancé un de ses rayons dans ces siècles ténébreux, que de crimes n'eut-elle pas épargnés ! l'esprit humain est toujours balotté du bien au mal, mais rendons grâces au sage législateur qui a donné aux tribunaux une marche plus éclairée, qui fait pâlir le crime et triompher l'innocence par une logique irrécusable. C'est à Louis XVI, sous la douce influence de son épouse, que nous devons d'avoir fait disparaître les derniers restes de la torture et de la question.

A côté se trouvent DEUX PRESSES A ÉCROU pour la torture des mains.

Une DISCIPLINE DE RELIGIEUX ; un CILICE, espèce de vêtement en crin que les pénitens portaient en contact sur la peau.

Enfin nous voyons une collection d'assignats, de ces papiers monnaies qui, dans leur marche descendante ont ruiné tant d'individus et ont fini par n'avoir plus aucune valeur : ils sont l'un des souvenirs déplorables de notre république ; que ne peut-on arracher de nos souvenirs cette page honteuse pour la fierté nationale ?

Pour terminer la revue des antiquités, nous passerons légèrement sur les curiosités de la Chine et de diverses autres localités étrangères : elles méritent l'intérêt du spectateur, car n'avons-nous pas profité de plusieurs inventions de ces nations lointaines, des soies de l'Inde, des porcelaines de la Chine ? quand ces objets n'auraient d'autre but que de satisfaire notre curiosité, que de donner de la vie aux récits des voyageurs, ne serait-ce pas assez pour nous intéresser ?

Le premier objet qui se présente à nous est une ZAGAIE, espèce de demi-pique ou de javelot, à l'usage des insulaires de *Madagascar*.

A côté l'on voit un CASSE-TÊTE des sauvages, espèce d'assommoir *en bois de fer*, bois de la plus grande dureté comme l'indique le mot : cette armure nous apprend comment se battent les sauvages, et l'on sait qu'elle était en usage dans l'enfance des combats........ Hercule s'appuie sur sa massue, qui n'est rien autre chose qu'un casse-tête.

Un CARQUOIS et des FLÈCHES en roseaux, provenant de la tribu guerrière des *kaskabias*, sur la rive gauche du Mississipi; plusieurs de ces flèches sont armées de *dents de crocodiles*; peut-être à cause de la difficulté de se procurer du fer convenable. Il y a des sauvages qui se servent, pour armer leurs flèches, d'arêtes de poissons, ce qui est au moins aussi meurtrier que le fer.

Une IDOLE INDIENNE en bois, haute de 2 pieds : peut-être est-ce *Vishnou*, ce dieu principal de l'Inde, dont le culte à Vishnapor, est devenu célèbre par les récits des voyageurs.

Un PARASOL CHINOIS de diverses couleurs, monté sur un jonc. Le parasol remonte à la plus haute antiquité, et en Chine spécialement il est une marque de dignité.

Un TABLIER de 8 pouces de haut, brodé en perles, à l'usage des femmes de Curaçao, et destiné à cacher leur nudité.

Nous remarquerons encore un assez grand nombre de *vases* et *figures chinoises* en porcelaine bigarrée, parmi lesquels on en distingue un, représentant une guenon portant sur le dos un petit singe qui mange un fruit, et pardevant un autre petit singe qui s'attache au cou de sa mère.

Plusieurs CHAUSSURES CHINOISES en maroquin rouge, espèce de souliers dont l'extrémité en se relevant forme une courbe fortement prononcée : un petit pied est en Chine une marque de beauté ; aussi les femmes de cette contrée ont soin de serrer, d'écraser en quelque sorte ceux de leurs filles dès leur tendre enfance. Auprès de ces diverses chaussures, on en remarque une en forme de botte d'étoffe fourrée où le pied doit être fort mollement.

Plusieurs ÉCRANS CHINOIS, avec peintures sur papyrus, espèce de papier fabriqué avec la plante dont il porte le nom et dont les chinois furent les inventeurs à une époque qu'on ne peut préciser. C'est donc encore aux chinois que nous devons ce bienfait ; c'est d'eux que nous avons appris à le fabriquer, car jusqu'en 1311, nous n'avions pas d'autre papier que celui de l'Inde ; et le plus ancien manuscrit, sur papyrus, de la bibliothèque royale à Paris, remonte à l'année 1050.

Au plafond l'on a suspendu deux HAMACS D'AMÉRIQUE, espèce de filets qui servent de lit, et qui préservent à la fois des reptiles et des émanations du sol.

Nous ne parlerons pas de la belle suite de *médailles*, ni de l'histoire numismatique des papes, ni de celles de Louis XIV, ce travail nous entrainerait trop loin.

Dans le petit *corridor*, qui conduit à la salle des animaux, on remarque plusieurs bustes par *Bra* (1), entr'autres celui du docteur PINEL, et de M. de JOUI (2), l'auteur de l'*Hermite de la chaussée d'Antin*.

Dans ce même corridor on voit une TÊTE ou fragment de caryatide provenant de l'ancienne chapelle des Templiers, située à Douai, ainsi qu'une Vierge en pierre, haute de 4 pieds, provenant de la même maison. Cette communauté des chevaliers du Temple fut fondée au 12.e siècle par Thierri d'Alsace, comte de Flandre. Ces religieux furent, en 1307, arrêtés et constitués prisonniers. Jean de Marigny, prévost de St.-Amé, s'efforça de les perdre ; mais ils furent sauvés par les soins du P. Wautier, inquisiteur de l'ordre de St.-Dominique, et ils évitèrent ainsi le bûcher où périrent leurs *confrères*. Cette maison échut ensuite aux chevaliers de

---

(1) Théophile *Bra*, né à Douai, s'est fait un nom parmi les statuaires, et ses ouvrages nous énorgueillissent comme ceux de Jean de Bologne ; la hardiesse du ciseau de ce jeune artiste, la pureté des formes, tout nous ravit à l'inspection de ses travaux et nous fait concevoir de lui les plus belles espérances.

(2) « M. de JOUI, me dit Madame *Clément Hémery*, est mort
» quoique vivant. Les romantiques l'ont tué ; il a été utile, il a écrit
» avec charme et décrit nos mœurs de main de maître, mais il a
» lui-même détruit sa réputation en signant des voyages dans des
» provinces où il n'a jamais été, il s'en est rapporté à des indigènes
» qui, la plupart, ont écrit avec passion ; il a cité à faux parce qu'il
» a mis trop de précipitation à se faire imprimer, et cependant
» c'est un savant spirituel ».

Malte, et en 1792 elle fut aliénée par l'Etat. Aujourd'hui cet ancien prieuré n'est plus qu'une ferme ; ses tourelles et une portion de la chapelle existent encore.

Enfin, nous entrons à gauche dans une des salles les plus intéressantes, où l'on a classé cette belle collection d'ÊTRES VIVANS qui, comme nous, tiennent au néant et dont les chaînons passant par de légères transitions, conduisent de l'homme qui les commence aux animaux qui s'en écartent le plus ; ces mots *transitions légères* ne doivent point blesser mon lecteur, car je ne parle pas des organes intellectuels, mais seulement de certaines conformations physiques qui ont rapproché de nous d'autres animaux : il y a en effet dans toute la nature des liaisons admirables qui ont été observées par des hommes de génie, et d'après lesquelles ils ont classé les trois règnes. C'est ici que nous voyons l'homme, cet être qui, tout faible qu'il est, commande à tous les autres animaux terrestres qu'il a su dompter, sans en excepter même les plus fiers et les plus féroces, tel que le tigre qui d'un rien pourrait l'abattre et l'anéantir, mais il montre que l'intelligence l'emporte éminemment sur sa force.

Pour suivre la marche que je me suis tracée dans la description des autres parties du Musée, nous parlerons légèrement encore de tout ce qui décore cette salle ; d'abord, en entrant à droite, nous voyons l'ÉXIL DE CLÉOMBROTE, bas-relief, par *Bra* : ce sujet fut mis au concours par l'académie des beaux-arts de Paris, et notre jeune artiste a si bien secondé la vérité de son imagination que ses juges, en lui accordant la médaille dûe au succès de sa composition, l'envoyèrent en Italie, étudier l'art des statuaires de l'antiquité.

A la suite viennent divers modèles de MOULIN A MÉCANIQUE exécutés par *Dusse*, aussi notre compatriote. Ce mécanicien est mort à Paris depuis quelques années; son génie lui avait inspiré de grandes vues qu'il n'a malheureusement pu réaliser à cause de son manque de fortune.

L'élégante VÉNUS DE MÉDICIS prise au dépourvue, dont la jolie main cherche à voiler ses charmes et pour cette raison, on l'a nommée *Vénus pudique*. M. le chevalier Lévêque de la Basse-Moûturie a, dans son poëme sur Bouwel, fort ingénieusement décrit l'hésitation du peuple à confirmer à cette statue ce surnom de *Pudique* que lui ont donné les artistes. Je ne puis résister au désir de citer les vers suivans :

> Un jour avec raison s'étonnait une dame
> Qu'on pût nommer ainsi, celle dont les appas,
> Malgré les vains efforts de ses deux jolis bras,
> Offrent à tous les yeux les beautés de la femme.

Praxitèle savait bien que la pudeur est l'arme la plus terrible de l'amour, aussi en a-t-il paré sa beauté.

> Quid facies facies cùm veneris veneris ante
> Non sedeas, sed eas, ne pereas per eas.

Après vient le TORSE ANTIQUE, fragment magnifique et colossal, qui, malgré son état de mutilation, présente au connaisseur une perfection qui décèle toute sa beauté primitive; on voit que le développement du corps humain est ici dans toute sa force.

Le buste de Pierre de FRANQUEVILLE, premier sculpteur d'Henri IV, de ce célèbre statuaire qui naquit à Cambrai, en 1548; les obstacles que lui élevaient ses parens, pour l'empêcher de s'abandonner à sa disposition d'artiste qu'ils regardaient comme incompatible avec la noblesse, l'engagèrent à se retirer à l'étranger; il arriva, guidé par le feu de son génie, à Inspruck, dans le Tyrol où il travailla sous un sculpteur de l'école Florentine; là il fit des progrès étonnans et mérita la protection de l'archiduc Ferdinand; il enrichit la Toscane, où il puisa ses inspirations les plus belles, d'une foule de statues; et enfin, revenu en France, Henri IV lui donna un logement au Louvre et une pension considérable. (Voyez les mémoires de la Société d'émulation de Cambrai, 1821).

La statue gigantesque d'ARISTODÈME (1) par *Bra*, qui d'abord l'avait modelée : le gouvernement en fut si content qu'il en commanda le marbre dont nous parlons et qu'on ne peut voir sans admiration : la beauté, la virilité des formes jointe à une expression pleine de noblesse, malgré la douleur qui y règne, en font un chef-d'œuvre qui fait honneur au jeune artiste.

---

(1) Les Lacédémoniens avaient juré la perte de la Messénie, et déjà ils triomphaient. Dans cette extrémité, on consulte l'oracle de Delphes qui ordonne le sacrifice d'une jeune fille tirée au sort et choisie dans la famille régnante; Aristodème, malgré sa tendresse paternelle, présente la sienne au sacrificateur afin de remplacer celle de Lyciscus qui, désignée par le sort, avait pris la fuite...... Ce malheureux père, voyant que le fiancé de sa fille la réclamait et qu'il allait user de violence, saisit un poignard et sa fille tombe expirante.

Le groupe magnifique du LAOCOON qui, enchaîné cruellement par les nœuds des serpens, lève les yeux au ciel où est sa dernière espérance ; tandis que ses deux jeunes fils, enveloppés dans les mêmes nœuds homicides, tournent vers lui des regards qui semblent avouer leur faiblesse et demander du secours.

La partie supérieure d'un MAUSOLÉE en marbre représentant un vieillard nu et mourant, couché sur une natte. Ce morceau intact est de la plus grande beauté ; il a fait partie du tombeau du prince Charles, comte de Flandre, et nous vient du caveau de Lallaing. On l'attribue à Jean de Bologne ; quoiqu'il en soit, il n'est pas indigne de cet artiste.

L'APOLLON DU BELVEDÈRE, dont l'original fut trouvé dans les fouilles de l'ancien Antium : la majesté de ce dieu, dont l'expression céleste s'échappe de tous ses traits, la fraîcheur *juvénile* de ses membres créés par le beau idéal, le zéphyr qui semble agiter sa chevelure bouclée et flottante, tout nous enchante dans cette belle statue, et de tout côté, sous ce plâtre, perce la divinité.

Le buste de JEAN DE BOLOGNE (1) par *Bra* : arrêtez-vous ici : Jean de Bologne s'est illustré dans l'art statuaire ; il a presque égalé la célébrité de son maître, Michel-Ange. L'Italie est remplie de chefs-d'œuvre sortis de son ciseau ; aussi Dupaty dans son admiration s'écrie, en parlant de son *mercure* : hâtez-vous, le

---

(1) Jean de Bologne naquit à Douai, en 1521.

voilà déjà qui s'envole. Cet éloge est le plus glorieux qu'on puisse faire de cet artiste douaisien. Une rue de cette ville porte son nom, mais pourquoi ne lui avoir pas consacré la rue où il vivait, le Pont-à-Val? La société d'industrie de Douai a fait graver au simple trait, les principaux monumens et les plus belles statues que ce grand homme a créées : ces dessins font partie de son éloge, rédigé par M. Duthilloeul.

Enfin sur les armoires où sont renfermés les quadrupèdes, nous voyons les cornes énormes du BUFFLE, espèce de bœuf originaire d'Afrique, et qu'on a soumis en Italie à l'état de domesticité. « Sa tête, dit Buffon, « est grosse et repoussante, son regard stupidement « farouche, sa voix est un mugissement épouvantable. » Il est plus fort que le bœuf ordinaire, aussi l'emploie-t-on avec avantage à la culture des terres. On le dirige et on le contient au moyen d'un anneau qu'on lui passe dans le nez.

La corne spirale de CONDAMA : elle a 2 pieds 1/2 de haut. Le condama originaire du Cap, est une espèce d'antilope grand comme le cerf, dont le poil est gris de souris, et de chaque côté du dos descendent comme au zèbre, 7 à 8 bandes transversales blanches.

La corne droite du PASAN qui peut avoir 3 pieds. C'est une espèce de gazelle dont le poil, dit Tavernier, est doux comme de la soie : la chasse en est très-dangereuse, car avec ses cornes il poignarde le chasseur, s'il parvient à s'élancer sur lui.

La chèvre MAMBRINE ou d'Orient, aux longues oreilles pendantes, variété de la chèvre d'Angora; elle donne beaucoup de lait et les orientaux le préfèrent à celui de la vache.

La corne droite de LAUROCHS qui n'est que le taureau sauvage, beaucoup plus fort que notre taureau domestique.

Le bois de l'ELAN ; de cet élégant animal qui ressemble au cerf, et qui habite les climats glacés de la Laponie où il rend d'immenses services. Il y remplace le cheval qui ne peut y vivre à cause de l'âpreté du climat. On voit combien le créateur a répandu ses bienfaits dans tous les coins de ce bas monde, et comment le génie de l'homme a su en profiter. Josselyn dit qu'il en existe dans l'Amérique septentrionale, qui ont 12 pieds de haut et que leurs bois ont jusqu'à 6 pieds d'élévation. Dans les grottes d'Irlande, des géologues ont découvert une énorme quantité de bois fossiles de cette force ; si ces débris n'ont pas appartenu à quelqu'espèces éteintes aujourd'hui, il est probable qu'ils proviennent de l'élan, dont parle Josselyn.

Le ZÈBRE ; dont la forme et l'élégance de la robe aux bandes symétriques attirent l'admiration, et font regretter que son opiniâtreté et ses inclinations sauvages le rendent indomptable. Il est d'une grande sobriété, plus fort et plus agile à la course que le cheval ; peut-être l'industrieux anglican réussira-t-il à le soumettre : il consacre des fonds et du temps à faire de nouvelles tentatives.

Enfin la corne du BOUQUETIN ou *bouc des rochers*, qui n'est peut-être qu'une variété de notre bouc originaire dont les différences viendraient de la domesticité ; sa corne a jusqu'à trois pieds de haut, elle est droite et pointue, ce qui rend la chasse de cet animal très-dangereuse : il lui arrive souvent de renverser le chasseur dans les précipices.

ZOOLOGIE.

Nous voici enfin devant la série intéressante d'animaux classés d'après le système de Cuvier : sous un voile on a placé un AFRICAIN et un AMÉRICAIN ; on les a dérobés à la vue pour épargner la pudeur ; peut-être aussi, parce que les chairs livides de l'homme mort ont un aspect rebutant. On les a mis à la tête des animaux, parce que nous tenons le premier rang parmi eux : oui c'est là cet être intelligent qui se laisse dompter par d'autres hommes plus intelligens encore ; qu'on trompe et qui est souvent victime de la ruse qui fait son expérience, et que ses travaux, ses productions ingénieuses ont élevé si haut ; il tient le milieu entre le créateur et le reste des êtres vivans ; n'est-ce pas une distinction flatteuse ? Mais comme tout ce qui a une existence l'homme fuit rapidement dans la carrière.

Auprès et sans intermédiaire, paraît la suite intéressante des singes : ce sont eux qui ont le plus de rapports avec nous ; ils remplissent l'intervalle qui sépare l'homme des quadrupèdes, et ces rapports, n'en déplaise à notre fierté, sont si intimes qu'on a presque douté si le singe n'était pas une espèce d'homme, l'ORANG-OUTANG que nous voyons ici multiplié avec la femme : on a vu en effet des accouplemens semblables avec des négresses, ou volontaires ou forcés ; mais enfin ces accouplemens ont produit, et le naturaliste a décidé souvent sur les espèces douteuses lorsqu'il y a eu accointance. Le singe, comme nous, marche sur deux pieds ; ses mains, ses doigts, ses ongles ressemblent aux nôtres : le singe comme l'homme se sert adroitement de bâton ; comme l'homme sauvage il en fait sa défense ; il a comme lui une espèce de visage, des cheveux, de la barbe, aussi dans l'Inde les philosophes lui ont donné le nom d'homme sauvage, ce que signifient les mots *Orang-outang*; il a même conformité dans une foule d'organes, *menstruatæ sunt simiæ*. A tous ces détails s'en joignent d'autres non moins intéressans sur leurs mœurs, et qu'on peut lire dans les naturalistes : Bontius dit avoir vu la femelle de l'Orang-outang cacher pudiquement son sexe à la vue d'hommes qu'elle ne connaissait pas ; on en a vu se jeter dans les bras de leur mâle, s'y cacher le visage lorsqu'on voulait les observer. Les mâles ont souvent enlevé des femmes et plus d'une fois ils ont eu assez de hardiesse pour venir les ravir jusque sous le toit conjugal ! des Orang-outang peuvent servir de domestiques ; j'en ai vu un, à Paris, chez la comtesse de Grave, servir à table, apporter les plats, ôter les assiettes, en rendre et très-adroitement sans rien casser ; il plumait parfaitement la volaille et la mettait à la broche, dont le soin lui était confié.

Le GIBBON qui habite les Indes et qui étonne par la longueur démesurée de ses bras, lesquels touchent en effet presqu'à terre ; le GIBBON WOUWOU qu'on aime à voir grimper sur la haute cime des bambous, en se servant de ses bras effilés comme de balanciers.

A la barbe blanche, à la face rubiconde, à la poitrine et au ventre jaune le *Zoologiste* reconnaît le CERCOPITHÈQUE DOUC, habitant la Cochinchine, remarquable par sa longue queue et ses jambes blanches.

Plusieurs espèces de MACAQUES qui ont sur les fesses des callosités d'un rouge magnifique et dont les cuisses sont également sanguinolentes; mais l'animal, en mourant, perd cette belle couleur qui provient sans doute des vaisseaux sanguins.

Le MAGOT, au visage rose, dont la femelle donne à téter à ses petits en leur présentant la mamelle comme les femmes.

Le PAPION, ou *Babouin*, à la face incarnate, du genre des cynocéphales parce qu'il a le museau approchant de celui d'un chien. Cet animal peut lutter avec avantage contre plusieurs hommes à force égale; il est d'une lasciveté révoltante surtout à l'aspect des femmes et particulièrement l'espèce mandrille : *quem coram feminis ejaculationem digitis emittere juvat et obscœna ostendere sine velamento piloso.* c'est un maraudeur très-adroit; ils se réunissent pour piller les vergers, et se jettent le butin de l'un à l'autre de sorte que les dernières ramifications aboutissent aux gorges des montagnes.

L'ATÈLE COIATA qui n'a que quatre doigts aux mains : on le voit dans son pays natal sauter d'arbre en arbre, portant son petit sur le dos; si des voyageurs passent auprès d'eux ils cherchent avec un malin plaisir à les arroser de leurs urines, à les pommader d'une substance qui n'est pas à la rose; ils emploient un stratagème curieux lorsqu'il s'agit de sauter d'un arbre à l'autre, et que l'intervalle qui les sépare est très-grand, ils s'attachent à la queue les uns des autres ; c'est avec leur queue qu'ils pêchent le poisson ; ils s'en servent comme de crampons. On en vit un, dit un voyageur, saisir un lapin avec sa queue et le porter ainsi à son maître ; si on l'attaque à coups de pierre il cherche à parer la tête avec la main ; s'il est blessé, ses compagnons l'emportent en lieu sûr. L'auteur du voyage, à Surinam, raconte qu'il a vu un Coïata habitué à aller chercher du vin au cabaret et qui ne payait que lorsqu'il était servi ; si des enfans lui lançaient des pierres pendant le trajet, il posait soigneusement sa cruche à terre et leur renvoyait les projectiles, après quoi il reprenait son dépôt pour l'emporter au logis.

L'ALOUATE URSON dont l'intelligence tient du prodige ; on en a vu appliquer sur les blessures d'un de leurs camarades des herbes vulnéraires après les avoir mâchées. Leur queue comme au Coïata leur sert aussi de main, ils s'en servent pour se suspendre aux arbres, ils lancent leurs excrémens et des branches d'arbres à leurs ennemis. La femelle porte également son petit sur le dos.

Quelquefois semblable à un orateur, un Alouate va se placer sur une éminence et là, entouré d'auditeurs silencieux, il baragouine, et quand il leur accorde la parole pour répondre, ils font tous ensemble entendre une sorte de murmure. (Voyez Buffon).

(53)

Viennent ensuite sept espèces de SAPAJOUS dont les espiégleries nous sont connues.

Le SAGOIN YARQUÉ, originaire de Cayenne: il porte au sommet de la tête une espèce de toupet; son pélage est noir, le contour de la tête est d'un blanc jaunâtre.

L'OUISTITI, espèce mignonne de singe, qui n'a pas plus de 6 pouces de longueur; il porte deux toupets de poiles blancs près des oreilles; dans leur jeunesse ils s'attachent fortement au dos de leur mère qui est quelquefois forcée, pour s'en débarrasser, de se rouler contre des rochers, alors ils se cramponnent sur le mâle qui en prend soin afin de soulager sa femelle.

Le TAMARIN, jolie espèce de singe, aux pieds jaunes, remarquable par ses gentillesses : c'est cette espèce que les petits savoyards promènent dans les rues et que l'on voit quelquefois s'amuser à prendre les puces aux chiens.

Le GALÉOPITHÈQUE, de γαλεός qui signifie chat et πίθηκος singe; dénomination conservée par les naturalistes qui la reçurent des voyageurs sous le nom de *chat-volant*. Ce quadrupède a une conformation qui s'écarte des autres animaux : à ses extrémités aboutit une espèce de manteau qui enveloppe son cou et ses flancs; il voltige comme la chauve-souris, auquel il ressemble sous plus d'un rapport, et comme elle, il ne se met en course que pendant la nuit.

Le VESPERTILION PIPISTRELLA, espèce de chauve-souris, animal qui participe du quadrupède et de l'oiseau : on en trouve pendant l'hiver des multitudes dans les grottes d'Arcy où ils attendent, dans un long sommeil et sans prendre de nourriture, le retour du printemps; c'est un singulier tableau que de les voir ainsi suspendus, leurs noires membranes contractées, aux voûtes d'albâtre de ces régions caverneuses.

L'OURS BRUN qui se dresse sur ses pieds de derrière pour combattre, et qui ne se sert que rarement de ses dents, mais qui assène des coups terribles et lance contre son agresseur des masses de rocher. L'ours, dit l'intéressant magasin pittoresque, dort une partie de l'hiver, et après avoir fait ample bombance il fait pénitence.

Le LAPIN, dont la fécondité est surprenante et dont la lubricité est passée en proverbe. *Woltten* dit, qu'une couple de ces animaux transportée dans une île, y ont produit dans un an 6000 petits. La femelle a deux matrices, de sorte quelle peut être fécondée lorsqu'elle est déjà pleine.

La MARTE, dont les fourrures sont en grande réputation; animal qui est parmi les quadrupèdes, ce que le coucou est parmi les oiseaux, car il chasse l'écureuil de son nid pour y déposer ses petits.

Le PUTOIS, qui est l'ennemi des poulaillers qu'il ravage avec la rage du vandalisme; la BELETTE qui n'est pas moins dangereuse parmi les volailles et dont le mâle est extrêmement libertin : *coïsse unum feminæ suæ morti fertur;* et parmi ces espèces de martes nous voyons la précieuse hermine qui change de couleurs selon les saisons.

La LOUTRE qu'on parvient à utiliser à la pêche, à faire rapporter à son maître le poisson qu'elle prend; à côté l'on voit la LOUTRE DE CAYENNE, dont la fourrure est très-belle.

Ensuite vient une belle suite de CHIENS, de ces animaux qui, à l'élégance des formes, réunissent les qualités les plus admirables : il n'est personne qui ne connaisse leur fidélité et l'histoire intéressante des chiens célèbres ? On remarque le CHIEN TURC, originaire des Indes : il est nu, parce que dans les pays chauds il perd son poil. Ce qui lui est commun avec plusieurs autres animaux.

Le LOUP, animal terrible et vorace, qui se réunit quelquefois par bande pour chasser. Ils attaquent même les hommes, et lorsqu'ils sont pressés par la faim ils apportent jusque dans nos habitations la terreur et l'effroi, et obligent quelquefois d'armer tout un pays contre eux. Valmont de Bomart avait élevé un petit loup avec du lait et l'avait rendu très-caressant; il le mettait même coucher avec lui; mais un jour il lui présenta imprudemment des entrailles de poulet, ce qui réveilla son naturel carnivore; aussi Valmont faillit en être victime, la nuit il fut réveillé par la douleur : le louveteau lui mordait la cuisse et en suçait le sang. (Voyez Buffon).

Le CHAT, dont les qualités et les vices nous sont également connus; qualités, ai-je dit, relativement à nous; mais qui n'ont pour mobile que l'égoïsme, la cruauté et la ruse; il dévore même ses petits, tandis que les autres animaux les protègent et les défendent à leurs risques et périls.

Le TIGRE, qui est de la classe des chats, et qui unit

la cruauté à la magnificence : *Martin*, l'incomparable *Martin* a su le dompter, jouer sous ses griffes effroyables.

Le SERVAL, animal féroce et carnassier de l'Inde, ressemble au chat sauvage; mais il est plus fort, et son poil approche de celui de la panthère. L'homme a souvent été victime de sa voracité.

La MANGOUSTE, dont on se servait autrefois en Egypte, en guise de chat pour prendre les souris. On l'a vue souvent aux prises avec les serpens qu'elle ose attaquer, et si elle est atteinte de venin, l'on prétend qu'elle va choisir des antidotes parmi certaines plantes et qu'elle s'en fait un appareil..... Peut-on le croire? Ce degré d'intelligence doit-il raisonnablement lui être accordé? On a attribué tant de merveilleux à cet animal, qu'on a même raconté qu'il entrait dans le corps du crocodile pendant son sommeil, et lui dévorait les entrailles. C'est d'après cette fable, que le superstitieux égyptien, sous l'influence d'un législateur éclairé lui a dressé des autels; car la *mangouste* lui rend de grands services, en dévorant les œufs de ces effroyables reptiles.

Le fameux *Ichneumon* d'Hérodote, espèce de mangouste, est connu aujourd'hui sous le nom de NEMS.

Le SARIGUE, remarquable par une poche profonde sous le ventre où elle allaite ses petits; c'est là encore qu'ils se réfugient dans la frayeur, ou que la mère les rappelle à l'aspect du danger. Les petits en naissant ne sont guère plus gros qu'une noisette, et c'est dans cette poche qu'ils achèvent leur formation. Le Sarigue, dit Buffon, emploie une ruse admirable pour chasser; après avoir tué un petit oiseau, il va le déposer au pied d'un arbre où il se suspend par la queue, et sitôt qu'un oiseau carnassier vient pour s'en saisir, sa queue se déroule, et il se précipite sur l'oiseau de proie.

La MARMOTTE des Alpes vit en société; on en voit souvent une qui fait la vedette, tandis que les autres vont butiner : au moindre cri toute la bande regagne au plus vite l'habitation souterraine. Elle passe l'hiver dans un engourdissement complet, dans une sorte de léthargie.

Diverses espèces d'ECUREUILS : ce joli petit animal voltige sur les arbres avec une vivacité surprenante; il traverse les rivières sur une écorce d'arbre en guise de nacelle, et sa queue en panache lui sert de voile et de gouvernail : c'est peut-être de l'écureuil que les hommes ont appris l'art de la navigation.

La GERBOISE ou le GERBO, petit animal de la taille du rat, dont les pattes de devant par leur petitesse, contrastent singulièrement avec le *gibbon* : celles de derrière ont trois fois autant de longueur; aussi est-elle toujours debout. On la voit en Egypte, sauter fort légèrement et franchir d'un seul bond, une espace de 20 à 30 pied.

Le RAT NOIR et à côté, un autre devenu blanc par une atteinte d'albinisme.

Un groupe charmant de petites SOURIS BLANCHES qui se pressent autour de leur mère : on voit d'après cette portée combien elle féconde.

Le CASTOR du Canada, animal remarquable par sa queue plate, couverte d'écailles, et dont il se sert comme de gouvernail pour passer l'eau; comme les poissons, il porte des espèces de nageoires aux pieds de derrière. On en voit quelquefois sur le bord des rivières, s'établir au nombre de 2 ou 300; former des digues, élever des pilotis, construire des maisonnettes en argile et même à deux étages. L'ordre qui règne dans leur petite république, la sagesse des lois qui la gouvernent, tout offre à l'admiration un tableau enchanteur.

Le PORC-ÉPIC, au sujet duquel les voyageurs semblent s'être accordés pour débiter une foule de fables; ils ont prétendu qu'il lançait ses piquans contre l'objet de sa colère. S'il est attaqué par un serpent, dit le docteur *Shaw*, il se roule sur ce reptile sans crainte d'en être blessé, et le perce d'une multitude de traits.

Le COENDOU PRÉHENSILI, originaire d'Amérique, est comme le porc-épic, revêtu de piquans: les mêmes fables lui ont été attribuées.

Le TATUSIE TATOUAY de Cujo, dont le dos est couvert d'une écaille comme celle de la tortue; mais composée de pièces légèrement mobiles, ce qui lui donne la facilité de se rouler comme les deux précédens.

Le FOURMILLIER TATAMOIR de l'Amérique méridionale, au bec allongé, dépourvu de dents; mais ayant une langue effilée, propre à plonger dans les énormes fourmillières où il cherche sa nourriture.

Le PANGOLIN à *grosse queue*, revêtu d'écailles imbriquées, mobiles, qui se hérissent dans la colère: le tigre fait de vains efforts pour le dévorer et blessé lui-même, il est obligé de l'abandonner.

Le CHEVROTAIN MEMINA des grandes Indes,

joli petit animal, remarquable par sa taille élégante et mignonne : c'est un petit cerf en miniature ; mais loin d'être craintif comme lui, il est très-caressant.

Enfin (1) le MOUTON d'Espagne ou *mérinos*, qui est le même que le nôtre, son poil seulement est beaucoup plus soyeux ; ce qui tient au climat. Les dames lui doivent un tissu précieux.

Dans la salle opposée, celle où se trouve la magnifique et brillante collection d'oiseaux, classés d'après le système de LESSON et CUVIER, par les soins de MM. *Alexandre Balthasar* et *Valéry Potiez*. L'on remarque, pour décors, la SCIE, poisson terrible et à peu de distance de là, cet instrument dont il est armé et qui lui a fait donner son nom, nous donnerons plus de détails à l'article qui la concerne.

Le CROCODILE, qui habite l'Egypte : nous en parlerons à l'article des lézards.

Le SQUALE RENARD, de la même famille que la scie, et de distance en distance, le *squale long nez*, le *squale milandre*, le *squale bleu*, le *squale ange* ; leurs mœurs sont identiques. (Voyez l'article des poissons.) Enfin le *squale roussette*, dont la femelle est beaucoup plus grande que le mâle ; il se jette sur les pêcheurs et sur ceux qui se baignent dans leurs parages.

Le GORGONE ÉVENTAIL qui, dit *Valmont* de

---

(1) Je termine avec regret de ne pouvoir m'étendre plus long-temps sur cette série intéressante d'animaux, car le cadre que je me suis tracé m'oblige à voltiger et à ne parler que de ceux qui m'ont paru les plus remarquables.

Bomare, n'est pour ainsi dire que le squelette des polypes qui l'ont habité.

L'ACIPENSERE ESTURGEON : nous le verrons classé parmi les poissons.

Une dent de NARHWAL droite, cannelée en spirale, haute de 3 pieds : le *narhwal* est une baleine terrible qui habite les glaces de l'Océan polaire : il a reçu de la nature cette longue dent pointue qui lui fait une défense effroyable ; il peut ainsi poignarder son ennemi à distance, sans craindre d'en être atteint. Les combats qu'il livre aux colosses de la mer sont épouvantables. On a trouvé des narhwals qui avaient jusqu'à 75 pieds de long, et des dents de cet énorme mammifère dans la carène des vaisseaux ou même dans le corps de ses ennemis.

Le XIPHIAS ESPADON, dont nous parlerons à l'article de l'ichtyologie.

Le SERPENT BOA (femelle), qu'on voit avec effroi dans les déserts de l'Afrique, se rouler avec rapidité autour des arbres ou poursuivre sa proie au milieu des flots, l'envelopper de ses plis homicides, la concasser en quelque sorte par ses *étreintes*. Les anciens mexicains frappés de terreur lui avaient dressé des autels et lui sacrifiaient des victimes humaines !.....

La RAIE BATIS, dont le corps applati, énorme est garni de nageoires ressemblant à de grandes ailes. Ce poisson est terrible, mais sage et modéré dans le combat, qu'il n'entreprend que pour sa faim ou pour repousser ses agresseurs ; sa longue queue, armée d'un dard raide et piquant, lui sert à terrasser ses ennemis.

Au milieu de la salle, on a placé les statues gigantesques des deux évangélistes *St. Pierre* et *St. Paul*, par Bra : elles ont valu à l'auteur des éloges flatteurs ; mais il ne faudrait pas les voir après son *Aristodeme*.

PÉTRIFICATIONS.

Sous des vitrines placées entre ces deux statues, on voit une petite collection de fossiles, des coquillages et des débris d'animaux provenant en partie de la munificence de M. *le baron Cuvier*. La formation des fossiles est peu connue : l'on est convaincu que c'étaient dans l'origine des corps vivans, soit du règne végétal, soit du règne animal, et l'on présume qu'enveloppés dans des sucs pierreux, ses mollécules ont remplacé la substance vivante : les fossiles sont l'une des branches les plus importantes de la géologie, qui explique les changemens opérés sur ce globe, elles nous prouvent qu'une terrible catastrophe a eu lieu ici bas dans des temps reculés ; delà l'explication du déluge dont parle notre sainte écriture. En effet l'on trouve sur le sommet des plus hautes montagnes, à de très-grandes distances de la mer, des pétrifications dont le type provient d'animaux marins.......

« Nous parlerons 1.° des ossemens fossiles de la
» grotte d'*Echenoz*, près Vésoul, département de la
» Haute-Saône, découverts par M. *Thyrria*, ingénieur
» au corps royal des mines. Ces ossemens, dit Cuvier,
» proviennent de l'espèce d'*ours* aujourd'hui éteinte,
» nommé par ce naturaliste, URSUS SPILÆUS. »

2.° D'un ASTRAGALE et autres os du Tarse ; d'un très-grand SAURIEN, trouvé dans les environs d'Honfleur : le *saurien* est un reptil à corps écailleux, tel que le crocodile ; etc.

3.° Des empreintes de POISSONS sur chaux, provenant du *Volcan* mont Véronais, connu depuis plusieurs années par les travaux de plusieurs ichtyologistes. On y trouve des débris et des espèces de poissons qui n'existent plus aujourd'hui, ou qui ont tellement dégénéré qu'on ne les reconnaît plus.

4.° D'un groupe magnifique ou partie de machoire de MASTODONTE, contenant 5 dents molaires, tournant à l'état de turquoise. Ce fossile provient *des bords de l'Ohio*, à côté est un autre groupe de MASTODONTE SIMORE de Saxe ; ce *mastodonte* a été décrit par Cuvier dans ses mémoires.

5.° D'une dent molaire d'un TAPIR *gigantesque* d'origine inconnue. Le *tapir*, inconnu de nos jours, est l'animal le plus grand du Nouveau Monde où la nature, dit Buffon, semble s'être rapetissée ; il a quelque rapport avec le cochon, il est triste et ne sort que la nuit pour chercher sa nourriture sur le bord des fleuves, où il s'enfonce au moindre bruit.

6.° De dents molaires du RHINOCÉROS DE CHEVILLY de la plus grande beauté. Il est à croire que cette espèce devait être encore plus colossale que le rhinocéros aujourd'hui connu.

7.° D'une portion de machoire de LAPHIODON TAPIROÏDES de Bouchsweiler, espèce de quadrupède inconnu et décrit il y a quelques années, par Cuvier.

8.° D'une tête énorme de PALÆOTHERIUM CRASSUM, animal également éteint et décrit par Cuvier, d'après des débris qui ont été trouvés dans les environs de Paris; on croit qu'il a dû porter une trompe comme l'éléphant, avec lequel il a de très-grands rapports.

Nous terminerons enfin cet examen de fossiles, en citant la tête de L'ICHTYOSCURUS COMMUNIS, magnifique débris d'un poisson qui n'existe plus : cet échantillon provient de Lyme regis conté.

Avant de parler des poissons, nous dirons quelques mots au sujet des TORTUES qui les précèdent : elles ont quelquefois une taille si grande que les indiens se construisent des cabanes avec deux écailles de ces animaux, et Diodore de Sicile nous dit, qu'elles servent de nacelles aux peuples voisins de l'Ethiopie; on assure avoir vu dans l'Océan Indien, des tortues d'une telle dimension, que 14 hommes pouvaient à la fois monter sur leurs dos.

La TORTUE FRANCHE, dont nous voyons la *carapace* suspendue comme un ornement dans cette salle, est la seule espèce bonne à manger, on les retourne sur le dos et il leur est impossible de se relever. Des marins ont souvent la négligence barbare de les oublier dans cet état, où elles finissent par périr.

La CAOUANNE atteint souvent jusqu'à plus de quatre pieds et demi de long.

LÉZARDS.

A la suite vient une petite suite de LÉZARDS, reptiles qui semblent conduire insensiblement aux poissons. Plusieurs espèces de lézards brillent de nuances à reflets, surtout de verd, de bleu, d'or; après avoir fait choix d'une femelle, ce reptile vit avec elle dans une union parfaite de fidélité pendant plusieurs années, et tous deux se partagent le soin de faire éclore leurs œufs, ils les portent au soleil et les rentrent quand le zéphir répand la fraîcheur; ils montrent du penchant à la jalousie: aussi ne permettent-ils pas au lézard étranger d'entrer dans leurs pénates, il pourrait y troubler la fidélité conjugale; mais si cependant un danger pressant le menaçait, alors ils lui ouvrent un asile, mais quand le péril cesse il faut déloger. (voyez Daudin, tome 3.)

La DRAGONE, *espèce de lézard* qui monte avec agilité sur les arbres, y poursuit les animaux dont elle fait sa proie : cette espèce pond plusieurs douzaines d'œufs.

Le CROCODILE : nous en voyons un suspendu au plafond; ce reptile est remarquable par sa taille colossale; on en a vu de 25 à 30 pieds de longueur : sa férocité et son appétit vorace, répandent l'épouvante sur les bords du Nil, et la balle de fusil ne peut pénétrer dans ses flancs écailleux; dans l'eau il est d'une agilité excessive, sur la terre il marche avec lenteur. Si on l'attaque, il fait mugir le rivage de ses horribles mugissemens; on les voit souvent se battre entr'eux, et les crocodiles spectateurs du combat, applaudissent par des hurlemens. (*Bartram, voyage en Floride, t. 1.er*). De nombreux navigateurs ont été dévorés par ces animaux féroces, ils sortent des eaux leur gueule entr'ouverte armée de dents terribles, et attaquent en masse la faible barque qui ose se hasarder dans leurs parages; cependant malgré leur férocité, l'on prétend qu'on parvient à les apprivoiser, et que des enfans montent impunément sur leur croupe.

POISSONS.

Les *poissons* forment encore une branche très-intéressante du règne animal, et quoiqu'ils vivent dans un élément étranger au nôtre les observations qui en ont été faites par les naturalistes sont excessivement fécondes : ils présentent pour la plupart à l'œil, un assortiment de couleurs qui varient avec leurs passions ; mais qui disparaissent malheureusement avec la vie. Leur structure intérieure est encore admirable, et prouve la sagesse divine qui a présidé à la formation de leurs organes ! quelle ingénieuse simplicité dans cette vessie natatoire qui se gonfle et se comprime à volonté, selon que le poisson veut ou s'élever à la surface des eaux, ou s'enfoncer dans la cavité profonde de leur lit !... Quelle fécondité !.... Une seule femelle produit quelquefois plus de 9 millions d'œufs, et sans cette excessive production la mer serait bientôt dépeuplée, parce qu'ils se servent réciproquement de pâture. La providence a tout prévu.... Le régime de leur génération présenterait tout un recueil de merveilles; comme dans les quadrupèdes, il en est qui sortent tout vivant du sein de leur mère; votre raison, ô lecteur, ne se confond-elle pas lorsque vous apprenez qu'il en est qui vivent plus d'un an sans manger? lorsqu'entrouverts dans toute leur longueur ils peuvent vivre encore, que leurs lambeaux se rejoignent, se ressoudent? Qu'il en est qui lancent la foudre au sein des eaux; telles sont la *Torpille* et la *Gymnote*, dont l'influence électrique atteint au loin leur victime?....

Nous voyons ici le SQUALE MILANDRE, poisson féroce et hardi qui, comme le requin dont il approche souvent par la taille, s'élance même jusque sur les hommes. Il remonte les fleuves; aussi en a-t-on trouvé plusieurs fois dans la Scarpe.

Le SQUALE TIGRE des mers de l'Inde : plus doux que le précédent, il se contente de coquillages et de petits poissons; il atteint jusqu'à 15 pieds de long.

Le SQUALE AIGUILLAT, dont les nageoires sont garnies d'aiguillons très-dangereux, soit qu'ils soient vénéneux, soit par le déchirement des chairs.

Le SQUALE REQUIN, un des poissons les plus formidables, dont le nom par corruption, dit Buffon, vient de *requies*, mort, repos. Il atteint jusqu'à trente pieds de longueur; l'on prétend en avoir pêché un du poids de 4000 livres. Ce monstre est souvent la perte des navigateurs qu'il peut avaler en entier, ce qui a été prouvé en en faisant l'autopsie. Malheur à qui tombe dans les endroits qu'il fréquente; si une corde est lancée à l'infortuné dans ce moment dangereux, à l'instant qu'il la saisit, qu'il se croit sauvé, le cruel requin s'élance au-dessus des flots, le saisit et disparaît dans les abimes de la mer...... On voit cependant des nègres qui osent l'affronter, s'élancer sous son ventre, le lui ouvrir avec des instrumens tranchans. Il sent la chair corrompue à plusieurs lieues de distance.

Le PÉTROMYZON LAMPROIE, à la forme de serpent, à la bouche garnie de 20 rangées de dents et qui a donné lieu à tant de fables merveilleuses. Les anciens avec une grave crédulité prétendaient qu'il pouvait arrêter les vaisseaux, sans doute par ce qu'il s'y cramponne. Il était très recherché par la gastronomie romaine et encore de notre temps il se vend plusieurs pièces d'or dans les marchés de Rome, aussi ne paraît-il guère que sur la table des papes, à cause de leur prix *inatteignable* aux fortunes ordinaires. On en trouve beaucoup dans la Garonne, et son prix est fort modéré dans les provinces qu'elle traverse.

La RAIE qui sort vivante du sein de sa mère, et qui atteint quelquefois de 12 à 13 pieds; c'est dans le genre raie qu'on a classé la *torpille*, qui par son indolence et sa faiblesse deviendrait la proie des autres poissons, si elle n'avait la propriété de lancer un fluide électrique qui paralise pendant quelques instant les poissons qui s'en approchent. La torpille (1) est soumise à la vertu du magnétisme : l'aimant l'attire et lui enlève de cette

---

(1) Sonini.

force électrique, qu'une chaîne conductrice peut communiquer à plusieurs individus. Qu'on me pardonne ces détails sur un poisson que nous ne possédons pas ici, en faveur de son intérêt et de ses rapports avec les autres raies.

La LOPHIE, l'un des poissons les plus hideux, dans les traits duquel l'imagination égarée a voulu trouver de la ressemblance avec ceux du genre humain; elle ressemble plutôt au crapaud; comme lui, elle se cache sous des plantes marines et se précipite sur sa victime.

La BALISTE MAMELONNÉE, parée des plus magnifiques couleurs et dont la queue hérissée de piquans lui sert de défense; son nom lui vient de la machine de guerre qui servait à lancer des projectiles, sans doute à cause de la facilité dont elle lance en quelque sorte ses piquans.

L'ACIPENSÈRE ESTURGEON, un des poissons les plus volumineux : il atteint quelquefois jusqu'à 25 pieds, mais il est doux et paisible ; il possède la force et la bonté, rapprochement bien rare; sa couleur est bleuâtre et sa chair esquise. Malgré sa grandeur, on en servait souvent d'entiers sur les tables des empereurs romains, selon leur coutume de servir des pièces énormes. A la Chine, l'esturgeon est réservé pour l'empereur : il peut vivre plusieurs jours hors de l'eau ; et en Russie où il est une des branches principales de commerce, il arrive souvent qu'on lui passe une corde dans les conduits auditifs, et qu'on le traîne ainsi d'un fleuve dans quelque réservoir. Ce poisson des mers de l'Europe, remonte souvent les fleuves : on en a pris plusieurs dans l'Escaut, à Valenciennes, qui possède dans son Musée plusieurs tableaux où il est représenté; l'un porte cette légende :

Povrtraict de l'estvrgeon prins vif en ceste ville de Valentiennes par Aulcuns bourgeois dans la rivière d'Escault vers l'arcvre du premier pont proche St. Vaast le VII.ᵉ iour de may a.° XVI.ᵉ dix sept contenant la grandeur ici représentée ayant esté trouvé peser deux cens cincquante livres.

La dimension de ce poisson est de 7 pieds environ.

Le TETRODON qui n'a que 4 dents comme l'indique son nom générique : ce poisson peut se gonfler à volonté, tellement qu'il devient comme une grosse boule remplie de gaze, ce qui sur la surface de la mer lui donne l'apparence d'un ballon flottant, il est hérissé d'aiguillons qu'il dresse pour sa défense.

Le TETRODON LUNE est applati comme un disque, delà son nom. Ses côtés et son ventre brillent d'une couleur argentine, ce qui fait croire quelquefois lorsqu'on l'aperçoit dans la mer, que la lune s'y réfléchit. Il parvient jusqu'à 12 pieds de diamètre et pèse souvent 500 livres.

LE DIODON diffère particulièrement des précédens, en ce qu'il n'a que deux dents.

L'OSTRACION, nom grec qui signifie *cuirassé*, parce que ce poisson est revêtu d'une peau très-dure, osseuse, qui a l'apparence d'un coffre, ne laissant à découvert que quelques organes, comme la queue et les nageoires; l'*Ostracion mouchété* habite les mers des Indes orientales; on le nourrit avec soin à cause de la grande délicatesse de sa chair ; il accourt à la voix et prend sa nourriture jusque dans la main qui la lui présente.

La SYNGATHE, qui ressemble beaucoup au serpent par sa forme allongée : elle n'a ni dent, ni langue. La *Syngathe hyppocampe*, qui signifie cheval et chenille, parce que l'imagination en se battant les flancs, a cherché des rapports de ressemblance dans ces deux êtres si éloignés par toute espèce de rapports.

Les GADES, parmi lesquelles se trouvent la morue, un des poissons qu'on sert sur nos tables, et qui est une grande branche de commerce pour le pêcheur, il est d'une fécondité étonnante, car une femelle produit jusqu'à 9 millions 344 mille œufs.

La TRACHINE VIVE, parée de couleurs agréables, aux yeux brillans d'un éclat d'émeraude, le dos et le ventre garnis de piquans dont les blessures sont graves. La forme de ce poisson, ses armes, la beauté de ses couleurs ont produit dans l'imagination poétique et fabuleuse, le dragon, qui figure souvent dans les contes des fées et d'enchantemens, ainsi que dans le blason.

Trois espèces de SPARES dont le plus remarquable est la *Dorade* qui brille d'une douce clarté d'argent et d'azur, et dont les fortes machoirs peuvent même plier du fer.

Le LABRE qui étincelle des couleurs de l'arc-en-ciel, du feu de l'émeraude, de l'éclat du diamant et qui, par une ruse qui lui est familière, se cache sous le sable pour éviter les filets du pêcheur.

Le PRIONOTE VOLANT et le DACTYLOPTÈRE dont les nageoires dorsales ressemblent à des ailes de chauve-souris; ils volent au-dessus des eaux, de là, le nom d'*Hirondelle-de-mer* donné au premier. On les voit, souvent à leur éclat bleu céleste, nuancé de vert, de violet et de rouge, ainsi s'élever à quelque hauteur au-dessus de la surface des eaux pour échapper à leurs ennemis; mais il arrive souvent qu'ils tombent de Carybde en Sylla, car des oiseaux marins en font alors leur proie.

Le SCORPÈNE RASCASSE, qui n'a qu'une nageoire dorsale, dont l'aspect hideux, ses formes monstrueuses ont pu alimenter l'imagination bizarre des peintres et des poètes romantiques. Delà sans doute les diableries fantastiques, car ce n'est qu'en puisant dans la nature qu'on crée des tableaux aussi extraordinaires. Le scorpène est hérissé de dards qui se dressent pour sa défense et dont les piqûres sont aiguës.

Le COTTE GROGNANT, dont le dos est arboré de 2 nageoires, et qui fait entendre une espèce de bruit sourd lorsqu'il est en colère ou en frayeur : il habite l'Amérique méridionale.

L'ECHENEIS REMORA, écheneis mot grec qui signifie *je retiens navire*, parce que les anciens lui croyaient cette puissance; outre ce prodige de l'imagination superstitieuse, on lui a aussi attribué le pouvoir d'arrêter la marche des tribunaux, et de délivrer les femmes enceintes. Pline nous donne une longue description de tout le merveilleux de ce petit poisson grand de 11 pouces, qui commande aux élémens; ce fut un écheneis selon l'histoire fabuleuse de Rome, qui lors de la bataille d'Actium, arrêta le vaisseau d'Antoine. L'écheneis est presqu'un poisson parasite, car il s'attache fortement aux gros poissons tels que le requin. Le dessus de sa tête est extrêmement applati et semble recouvert d'une sorte de bouclier.

L'EXOCET VOLANT, qui, au moyen de ses nageoires dorsales, espèce d'ailes, cherche dans les airs comme le prionote un abri contre ses ennemis, mais que son éclat argentin et azuré trahit en lui en attirant d'autres, tels que des oiseaux de proie.

L'ESOCE BÉLONE qui, en serpentant dans l'eau comme l'anguille, fait ressortir ses charmantes couleurs d'azur; qui, pendant des siècles, porte la terreur parmi les petits habitans de la mer; le *Brochet* n'est qu'une variété de ce poisson vorace.

Le LÉPISOSTÉE GAVIAL qui est couvert symétriquement de petits parallélogrammes imbriqués semblables à la nacre, et dont la bouche allongée est hérissée de dents fines et aiguës.

Le PLEURONECTE au corps applati qui, par une bizarrerie de la nature, porte les deux yeux du même côté de la tête; il nage à plat, ce qu'indique son étymologie : le PLEURONECTE TURBOT qui se met en embuscade dans la vase, a une réputation célèbre dans les annales de la gastronomie, et par la faculté qu'il possède de remonter les chûtes d'eau et les torrens; au moment de la décadence romaine,

« Le sénat décida cette affaire importante
« Et le turbot fut mis à la sauce piquante.

(BERCHOUT, *gast.*)

Le SELENE, dont le nom grec signifie *lune*, est remarquable par sa forme pentagonale et comprimée : on ne connait pas encore ses mœurs.

Le ZÉE FORGERON de l'Océan atlantique, également très-comprimé, resplendit d'une belle couleur vert dorée, mais ses nageoires paraissent enfumées, delà son nom de *Forgeron* ; il remplit sa bouche d'eau qu'il fait jaillir sur les insectes qui voltigent sur la surface de la mer, les étourdit de manière à les faire tomber et à en faire sa proie.

L'ACANTHINION ROMBOIDES, aux dents mobiles, brille d'un beau vert sur la partie supérieure, ses côtés étincèlent d'un éclat argentin et le ventre reflète celui de l'or.

Le CATAPHRATE ARMÉ, ainsi nommé, parce qu'il est couvert de cuirasses. On le mange sur les côtes de France et d'Angleterre.

Le MISGURNE FOSSILE qui a reçu cette épithète, parceque dans le desséchement des marais, il s'enfonce dans les cavités, et qu'il vit tant qu'il lui reste une parcelle d'eau. Il est paisible durant le calme, mais il s'agite violemment à l'approche d'une tempête ; c'est en quelque sorte un baromètre vivant ; les écrevisses l'attaquent et le serrent assez fort dans leurs pattes pour lui donner la mort.

Le SOLENOSTONE SCOLOPAX qui est très-mince et très-allongé, il ressemble à un tube : son nom signifie *flûte en bouche*.

L'ANARTHIQUE LOUP, aux dents très-fortes, comme celles du quadrupède dont il porte le nom. Il est d'une férocité effroyable, il mord le fer de manière à y laisser des traces ; les pêcheurs en le sortant de l'eau doivent se mettre en garde contre lui.

La tête du XIPHIAS ESPADON, dont la mâchoire supérieure a plus de 6 pieds de long, en forme de glaive ; de là son nom espadon ; c'est un des colosses de la mer : il atteint jusqu'à 21 pieds ; il est terrible au combat ; mais il est doux et frugal dans ses habitudes. Il habite un grand nombre de mers, et entr'autres l'Océan. Malgré sa force prodigieuse, de petits insectes qui s'attachent à son corps le percent de leurs aiguillons, le rendent furieux au point qu'il se jette lui-même dans les dangers qui rendent sa perte inévitable ! quelle réflexion philosophique peut nous suggérer un insecte qui maîtrise un géant !.... C'est le lion et le moucheron de Lafontaine.

Le TRICHIURNE LEPTURE à l'iris doré, bordé de blanc, aussi nommé *ceinture argentée* à cause de son éclat ; il lui arrive souvent, en poursuivant sa proie avec trop d'impétuosité, de s'élancer jusque dans la barque des pêcheurs. Il existe une trichiurne qui, comme la torpille, lance la foudre au sein des eaux.

Deux espèces de MURÈNES, le *Congre* et l'*Anguille*, on a rencontré des congres qui avaient la force de la cuisse de l'homme ; et l'on a pêché en Prusse une anguille qui avait près de 12 pieds. Il en existe qui ont jusqu'à 30 pieds ; on en a vu s'élancer sur de jeunes canards et les avaler... Quelle analogie de plus avec le serpent !... Quelquefois l'esturgeon les engloutit si goulument, qu'elles passent vivantes dans son corps et parviennent à s'échapper par l'anus de cet énorme poisson. Quelquefois elles se glissent hors du fleuve pour se nourrir de jeunes plantes, et reviennent ensuite dans leur élément naturel. Elles se creusent un asile sous le lit du fleuve pour se garantir contre ses ennemis, ayant soin de pratiquer deux issues pour s'échapper au besoin par l'une ou par l'autre. On en a pêché, dit Martini, jusqu'à 60,000 dans un jour et avec le même filet, ces exemples ne sont pas rares dans certaines régions de l'Europe.

Nous terminerons notre notice sur les poissons, par quelques détails sur le MURÉNOPHIS, espèce d'anguille de 3 pieds, qui ondule dans l'eau comme la couleuvre ou le serpent sur la terre. Sa morsure est assez dangereuse. Rondelet raconte qu'il aime beaucoup le polype, mais que lorsque ce dernier ne peut éviter son attaque, il s'efforce de le retenir au milieu des nœuds de ses bras longs et nombreux, et de l'étouffer; mais, qu'il s'en échappe comme une colonne fluide, et finit par le déchirer avec ses dents aiguës. Lorsque les *Murénophis* manquent de nourriture, ils se rongent la queue réciproquement; l'on comprend en effet qu'un pareil accord ne peut-être fait qu'à charge de revanche : *mange ma queue, je mangerai la tienne après*. Tout le monde a lu en frémissant dans l'histoire romaine, qu'un certain Pollion engraissait des murénophis du sang de ses esclaves, et qu'un de ces malheureux sans la présence d'Auguste, allait leur être jeté, pour avoir brisé involontairement un plat précieux.

ORNITHOLOGIE.

Nous arrivons à la magnifique et riche collection d'oiseaux, de ces jolis êtres que la nature a parés de couleurs innombrables et auxquels elle a donné ou un plumage modeste ou une parure étincelante de l'éclat des pierres précieuses. Cette belle collection nous fournira encore des détails excessivement curieux.

Parmi les *Oiseaux de proie*, nous remarquerons :

Le VAUTOUR GRIFFON, portant un collier de plumes blanches, il a 8 pieds d'envergure : les vautours semblables aux brigands cachés dans les forêts, s'attroupent et se jettent en masse sur leur victime.

Le ROI DES VAUTOURS qui habite l'Amérique méridionale : c'est l'espèce la plus remarquable sous le rapport de la beauté. Les *Creeks*, dit Sonini, ornent leur étendard avec les plumes de ce bel oiseau, qui est chez eux l'objet d'un culte particulier.

Le GYPAETE des Alpes, au bec barbu ; c'est une espèce d'aigle formidable, haut de 3 pieds, et en se déployant il développe 12 pieds d'envergure. Son bec seul a 4 pouces. On le voit avec terreur dans les montagnes, enlever dans ses serres des agneaux, des brebis ou même des enfans de berger, et les porter à ses avides aiglons.

Une belle suite de FAUCONS : leur nom est célèbre en fauconnerie, car on les dresse pour la chasse.

Le HOBEREAU qui en est une espèce, suit les

chasseurs pour s'emparer des oiseaux qu'ils n'atteignent que légèrement.

L'AIGLE ROYAL : c'est le plus grand de ce genre, il atteint jusqu'à 8 pieds et 1/2 de développement ; il enlève des moutons, des chevraux et vit pendant un siècle. On prétend qu'il peut résister à la faim au moins pendant cinq semaines.

Le BALBUZARD, à la vue perçante, il ressemble à l'aigle : Aristote assure qu'il force ses petits à regarder le soleil, et que s'ils ne peuvent le fixer, il les tue et les dévore.

Le BATELEUR qui, dans les airs, provoque sa femelle en battant des ailes, ce qui lui a fait donner son nom : il est moins dangereux que les précédens, il se contente de la volaille des basses-cours.

Le MILAN ROYAL qui, malgré sa force, fuit lâchement devant l'épervier et qui n'ose approcher d'une poule pendant l'incubation : le *Milan parasite* qui vient même enlever sous les yeux de l'homme, la nourriture qu'il se prépare.

La GRANDE CHOUETTE qui détruit les mulots, et qui est pour cette raison respectée par le cultivateur.

La CHOUETTE A AIGRETTE couronnée de longues et belles plumes qui retombent en panaches, et qui prennent naissance à la racine du bec. Elle est originaire de la Guyane.

L'EFFRAIE, ainsi nommée à cause de la frayeur qu'elle inspire par ses cris au milieu du silence de la nuit, et parce qu'on la rencontre dans le voisinage des cimetières. Elle se blottit le jour dans le creux des murailles d'où elle sort au crépuscule. Le peuple croit qu'elle présage une mort prochaine, lorsque posée sur une maison, elle fait entendre ses cris sinistres.

Le CHAT-HUANT qui vit dans les déserts, et ne vole que la nuit pour dévorer l'oiseau paisiblement endormi.

Le GRAND DUC à la tête surmontée de deux aigrettes. On peut le regarder comme le roi des oiseaux nocturnes. Il était consacré à Junon: il égale presque la force de l'aigle; ce n'est pas sans effroi qu'on le voit et qu'on l'entend troubler le calme de la nuit par ses cris perçans, et poursuivre le timide oiseau qu'il a réveillé. Il est souvent assailli par des milliers de corneilles; mais il finit par les dissiper. Le chasseur profitant de l'antipathie des oiseaux de jour pour le grand duc, sait les rendre victimes de leur haine en les prenant dans des pièges placés autour de ce dernier.... Pourquoi cette haine? Qui pourrait l'expliquer?

Le MOYEN DUC, le PETIT DUC et la HULLOTE qui pondent leurs œufs dans les nids étrangers, surtout dans ceux de la corneille ou de la buse, et qui purgent la terre des mulots qui dévorent l'espérance du cultivateur.

1.re *Armoire à la suite des Oiseaux de proie.*

La PIE GRIÈCHE qui n'est guère plus grosse qu'une alouette et qui cependant attaque des oiseaux beaucoup plus gros qu'elle. On la voit voler fièrement, et sans crainte, au milieu des oiseaux de proie qui la respectent.

Le DRONGO auquel le voyageur attribue une voix aussi suave que celle du rossignol.

Plusieurs espèces de TANGARAS, genre nombreux et charmant, revêtu des couleurs les plus variées et les plus éclatantes : ils ressemblent aux moineaux. Nous remarquerons la richesse du SEPTICOLOR DE CAYENNE, et du DIABLE ENRHUMÉ dont la parure est mélangée de noir et de jaune, ainsi que du SYACON BRASILIA au plumage éclatant.

Le TYRAN, à ventre jaune, dont l'intrépidité est extraordinaire. On ne peut en approcher sans exciter sa colère ; il vient harceler à coups de bec ceux qui l'offusquent : aussi les oiseaux de proie n'osent l'attaquer.

Le GOBE-MOUCHE VERMILLON qui se nourrit d'insectes comme l'indique son nom : la providence le fait éclore dans les endroits où les mouches, par leur grande fécondité, deviendraient insupportables.

2.e *Armoire.*

Plusieurs COTINGAS au plumage magnifique : la parure des femelles est d'une teinte plus sombre (1). On prétend que les CRÉOLES leur font sans cesse la guerre à cause des dégâts qu'ils occasionnent dans les champs de riz.

3.e *Armoire.*

On y voit trois charmantes espèces de BRÈVES : le *cyanoptère*, le *bleuet* et l'*azurin* qui, sur le dos, a trois larges bandes d'un beau noir velouté, séparées par deux

---

(1) Il est à remarquer que dans les oiseaux les mâles sont toujours plus parés.

bandes couleur orange : sa gorge est d'un beau jaune indien et sa poitrine est parée d'un bleu d'azur magnifique.

Le FOURMILLIER, PETIT BÉFROI de la Guyane, grand destructeur des fourmis, dont l'immense population se réunit en tertres qui ont au moins 20 pieds de diamètre ; son surnom de *Béfroi* lui vient de sa voix, qui ressemble au son d'une cloche, qui sonne l'alarme dans le lointain......

Plusieurs MARTINS : ils délivrent les bestiaux d'une vermine incommode et détruisent les sauterelles qui nuisent aux moissons. On les a naturalisés à l'*île Bourbon*, pour ce motif, et le pays s'en est parfaitement trouvé. Les *Martins* sont audacieux et intrépides ; ils poursuivent à coups de bec les ravisseurs de leur jeune progéniture, et ont le talent de contrefaire toute espèce de cris. Nous remarquerons le *Martin-porte-lambeaux* dont la tête est surmontée d'une espèce de capuchon sanguinolent.

Plusieurs espèces de MERLES qui contrefont même la voix humaine. Le *Merle couleur rose* est grand destructeur de sauterelles, aussi en Turquie on le regarde comme un oiseau sacré.

Le ROUGE GORGE qui chante le lever de l'aurore et qui voltige encore lorsque l'étoile de Vénus paraît sur l'horizon vient dans l'hiver, pour échapper au froid, jusque dans nos habitations, demander l'hospitalité où il vit dans une aimable familiarité.

La GORGE-BLEUE, des Pyrénées, qui chante la nuit pour célébrer l'ivresse de ses amours.

4.ᵉ Armoire.

Plusieurs ORTOLANS, espèce si bien connue par nos gourmets : l'*Ortolan*, oiseau de passage, abonde dans les pays vignobles, il a l'œil si perçant qu'il découvre toujours le chasseur. L'on prétend que l'ORTOLAN DES NEIGES vit dans une éternelle insomnie.

Plusieurs variétés de MÉSANGES qui osent s'élancer contre les chouettes : aussi l'oiseleur attache cet oiseau nocturne près d'un piège où les malheureuses *Mésanges*, excitées par leur petite colère, viennent se prendre en foule ; elles pondent 18 à 20 œufs.

Plusieurs espèces de MOINEAUX, l'un est entièrement blanc. Tout le monde connaît son extrême fécondité (1) et le dégât qu'il fait dans les champs.

Le PAPE de la Caroline : ce charmant petit oiseau a pris son nom de son plumage bleu-violet ; il porte sur la gorge une belle plaque rouge de feu et son dos brille d'un vert tendre. Il niche sur les orangers.

Le RUPICOLE qui fait admirer son beau plumage vermillon et sa belle huppe, habite les sombres cavernes de l'Amérique méridionale ; les indigènes n'osent, par superstition, aller le dénicher dans les grottes où il se retire.

Le GROS-BEC d'Europe ou *Hah-Alikhah de Dehli*, prétend que cet oiseau a le vol si prompt qu'il peut rattraper une bague qu'on jetterait dans un puits avant qu'elle ait touché l'eau, ce dont il a fait expérience : sans être sceptique, l'incrédulité doit se comprendre.

_____
(1) Le moineau peut s'accoupler 20 ou 30 fois dans un jour.

5.e *Armoire.*

LE PIQUE BŒUF du Sénégal, qui est friant de la vermine qui éclot sous la peau du bœuf, comme l'indique son nom ; il vient se poser sur le dos des bêtes à cornes pour en retirer ces insectes incommodes, ce que ces quadrupèdes supportent volontiers.

Plusieurs espèces de CORBEAUX, de CORNEILLES, de PIES au plumage lugubre et à la voix sinistre : ils se repaissent de cadavres, attaquent quelquefois jusqu'aux grands animaux qu'ils aveuglent à coups de bec ; il est arrivé même que dans leur hardiesse ils ont assailli des hommes. On connaît leur penchant au vol, à enlever des pièces d'argent, des bijoux, des instrumens de métal, etc., qu'ils vont cacher dans la terre. Ils ont de la facilité à imiter les cris des animaux ; la *Corneille noire* surtout est remarquable par sa grosseur, elle dévore les œufs de perdrix, et l'on prétend que ces oiseaux après s'être accouplés si l'un des deux vient à mourir le dernier vivant reste dans la pureté du veuvage. Ils vivent plus de 100 ans.

6.e *Armoire.*

Une suite de GEAIS : ils ont une grande facilité à imiter les cris des animaux et à proférer quelques paroles ; on voit avec plaisir leur plumage émaillé de bleu et de blanc : ils servaient autrefois et servent encore à la parure du sexe.

Plusieurs PARADISIERS, et l'OISEAU DU PARADIS dont la queue élégante et aérienne retombe en éventail déployée ; sa gorge étincelle d'un collier vert doré : les indiens qui le chassent en font un grand commerce parce qu'il sert à parer la coiffure des dames européennes.

Des ROLLIERS parés de couleurs riches et brillantes d'azur, de vert, de violet, etc. Le ROLLIER D'ABYSSINIE porte deux longues pennes à la queue et n'est encore que nouvellement connu.

Le MAINATE RELIGIEUX que sa familiarité et son talent à répéter les airs qu'il entend, font rechercher des chinois qui en font un objet d'amusement.

L'ENGOULEVENT à longues pennes. On a prétendu fabuleusement qu'il savourait les mamelles des chèvres; il commence son vol au soleil couchant; il chasse alors les insectes qui se prennent à son bec ouvert et visqueux. (Buffon.)

7.*e Armoire.*

La HUPPE DU CAP, remarquable par son élégante aigrette. La *Huppe* était en Egypte l'emblème de la *piété filiale*, à cause des soins tendres et assidus qu'elle donne aux auteurs de ses jours arrivés à un âge avancé.

Plusieurs GRIMPEREAUX, genre charmant, ainsi nommés à cause de leur facilité à grimper le long des arbres ou des murailles où ils cherchent des insectes. On voit avec admiration celui de *Cayenne* dont le plumage azuré produit un reflet admirable.

Des COLIBRIS et une suite d'OISEAUX-MOUCHES, de ces jolis petits êtres tout aériens, tout mignons, pleins d'élégance et parés des plus riches couleurs, sortis de l'inépuisable palette de la nature : de ces miniatures qui, semblables au papillon léger, voltigent de fleur en fleur et vont se reposer dans leurs corolles mouvantes où ils aspirent la liqueur mielleuse de leur nectaire. Le courage anime souvent les plus petits corps, aussi l'*Oiseau-mouche* a la hardiesse de combattre des oiseaux mille fois plus forts s'ils ont la témérité d'approcher de leurs nids gros comme une noisette, de ces nids mignons et soyeux où ils déposent deux ou trois œufs gros comme.... des perles.

Les jeunes indiennes portent ces petits oiseaux en guise de boucles d'oreilles, spécialement ceux de l'espèce *rubis topaze*, le plus élégant des Oiseaux-mouches, dont l'aspect produit une sorte de ravissement.

Plusieurs GUÊPIERS, le *rouge à tête bleue*, celui à *tête de feu*, etc. : ces charmans oiseaux sont grands destructeurs d'abeilles, de guêpes, comme l'indique leur nom : les enfans de l'île de Candie, dit Buffon, le prennent à la ligne : ils amorcent un hameçon d'une cigale qui, voltigeant dans les airs, devient bientôt la proie du *Guêpier* qui se perd par son avidité. Leur amour filial, dit un naturaliste latin, est célèbre : car dès qu'ils savent voler ils se chargent de substanter leurs père et mère..... O enfans, imitez le *Guêpier*, ou plutôt la morale que cette fable vous présente !

8.ᵉ *Armoire.*

Une suite de CALAOS, oiseaux *Charonivores* de l'Afrique l'espèce *Rhinocéros* est spécialement remarquable.

9.ᵉ *Armoire.*

Des JACAMARS au plumage vert doré, du Brésil : ces espèces sont encore peu connues.

Des PICS aux narines couvertes de plumes, ils sont condamnés, par la nature, à des travaux pénibles pour trouver leur nourriture qu'ils cherchent à travers l'écorce des arbres.

Une suite nombreuse de COUCOUS. Tout le monde sait qu'ils déposent leurs œufs dans des nids étrangers, surtout dans celui de la gentille fauvette qui les couve et leur sert de mère. On a prétendu qu'ils dévoraient leur nourrice, ce que l'expérience ne vérifie pas ; mais ils cherchent de tous leurs efforts naissans à lancer hors du nid les jeunes fauvettes qui éclosent avec eux.

10.e *Armoire.*

Des TOUCANS, des ARACARIS au large bec aussi gros que la tête, genre remarquable par leur langue *barbelée* comme une plume. (Amérique méridionale).

L'ANI DES SAVANNES à la longue queue : ils pondent plusieurs ensemble dans le même nid qu'ils construisent selon le nombre des élus, et vivent ainsi dans la plus parfaite intelligence.

Le COUROUCOU à ventre jaune, aux pattes revêtues de plumes, est un oiseau triste et solitaire, qui passe sa vie dans les forêts de l'Amérique méridionale.

11.e *Armoire.*

Ici commence une suite nombreuse et superbe de PERROQUETS, dont les brillantes couleurs varient à l'infini. Les romains y attachaient un grand prix, aussi étaient-ils chez eux le symbole de l'opulence patricienne. J'ai vu en Belgique un perroquet, qui, auditeur des sermens amoureux faits à sa jeune maîtresse, finit par la trahir en répétant le nom de son amant qu'il avait souvent entendu prononcer. On lit dans Buffon, qu'un perroquet récitait correctement le *symbole des Apôtres*, et qu'un autre imitait la *danse des savoyards*. Mademoiselle Plante, actrice à Calais, en possédait un en 1815, qui faisait avec elle un dialogue qui durait très-long-tems.

Entr'autres on admire plusieurs ARAS, perroquets de la plus grande dimension et magnifiquement parés : l'*Ara rouge* a trois pieds, y compris sa longue queue ; son plumage est nuancé d'une couleur carminée; ses ailes reflètent un beau bleu de turquoise et sa queue étale un éclat très-vif de jaune et de vert.

Le KAKATOES couronné d'une jolie huppe jaune-citron, paré d'un plumage cendré : j'ai vu ce charmant perroquet chez Mme *Duchastel*, au château de *Montignies-sur-Roc*, où il courait en pleine liberté, revenant toujours aux heures précises des repas ; au dessert il avait la permission de prendre ce qui lui convenait, c'est alors surtout qu'avec une expression sentimentale il faisait entendre ce cri : *kakaka*, d'où par onomatopée lui vient son nom.

A côté nous voyons de charmantes perruches : celles à collier et croupion bleus et la *sagittifère*, etc.

12.e *Armoire.*

Continuation du genre perroquet, entr'autres le TOURACOLORI et le PERROQUET ACCIPITRIN, qui porte sur la poitrine de belles plumes pourpres bordées de bleu : sa queue est d'un beau vert et ses ailes d'un noir bleu.

13.e Armoire.

Une belle suite de PIGEONS et de COLOMBES, aux nuances nombreuses et brillantes, aux formes mignonnes et voluptueuses : tout le monde connaît leurs habitudes et les messages dont ils sont capables, puisqu'en un jour ils peuvent franchir un espace de 90 lieues.

14.e *Armoire.*

Plusieurs PAONS, dont l'un étale pompeusement l'éclat et la magnificence de sa roue : cette inimitable parure tombe avec les premières feuilles ; aujourd'hui nous ne le regardons qu'à peine, car la surprise ne vieillit pas. Chez les grecs pourtant ils se vendaient 8 à 900 fr. la couple, et l'on raconte que le pape Paul III envoya au roi Pépin un manteau de plumes de paon.

15.e *Armoire.*

Une belle série de *gallinacées*, de *coqs* qui, semblables à des sultans, peuvent suffire à 20 poules ; ils ne souffrent pas de rivaux, ils se battent à mort ; aussi cette humeur guerrière a rendu leurs combats célèbres dans tous les temps, et leur a mérité d'être consacrés au dieu Mars. Dans cette même armoire nous voyons avec toute l'extase de l'admiration, le brillant LAPHOPHORUS REFULGENS, oiseau d'une très-grande rareté.

16.e *Armoire.*

Plusieurs espèces de FAISANS, dont le plumage le dispute à celui du paon et dont la chair exquise, joue un grand rôle dans le code du gastronome.

17.e *Armoire.*

Le TÉTRAS au plumage noir-lustré, qui, dans la plénitude de l'amour maternel malgré les dangers n'abandonne jamais ses œufs. Il a été le sujet d'une foule d'absurdités de la part d'Encelius; absurdités qu'il a écrites avec la gravité de la persuasion : *ore, dixit, semen jaculatur et feminas vocibus altis vocatas accipiunt prolificum, haurire, dein conjicere et ova sic deponere et si forte qua seminis pars solo dijiceret, angues gemmasque nasci.*

18.e *Armoire.*

L'AUTRUCHE, le plus grand des oiseaux (1), habite les déserts de l'Afrique, et se mêle dans les troupeaux de zèbres où elle vit en bonne intelligence : elle ne vole pas, car la courte conformation de ses ailerons ne saurait le lui permettre; mais la rapidité de sa course est prodigieuse : le chasseur la poursuit à cheval jusqu'à ce qu'elle tombe de lassitude, et l'assomme à coups de bâton; sa chair est un peu coriace, mais ses œufs sont excellens. Les voyageurs prétendent que les indigènes font de l'autruche un animal de monture....

L'OUTARDE D'ARABIE qui, malgré sa hauteur de 3 pieds 1/2, fuit devant des oiseaux beaucoup moins forts. Elle dépose son nid dans des cavités, et si des chasseurs l'inquiètent, elle emporte ses petits en lieu sûr.

19.e *Armoire.*

L'OISEAU ROYAL, au port noble et plein de

---

(1) Elle atteint quelquefois jusqu'à 9 pieds et plus de hauteur.

dignité, à la taille svelte, porte une couronne de plumes sur la tête; il recherche la société de l'homme et marche à ses côtés. L'Indien en a fait une fétiche.

L'HOCCO DE CAYENNE s'apprivoise facilement, et comme le précédent il est heureux d'être admis dans la société de l'homme.

20.e *Armoire*.

Le CAURALE HÉLIAS, oiseau solitaire de la Guyane, il fait gémir les forêts de son sifflement sourd et plaintif.

Le HÉRON, plusieurs espèces : on le voit sur le bord des eaux guêter patiemment le poisson ; Bélon prétend que dans le danger il cache perfidement sa tête sous son aile, de manière que son ennemi se perce à son bec long et pointu, au moment où il s'élance avec trop d'impétuosité pour en faire sa proie.

L'AGAMI des forêts de l'Amérique méridionale est si confiant, dit *le magasin pittoresque*, qu'il se livre de lui-même au chasseur. « Apprivoisé, il s'attache à son maître, le suit avec joie lorsqu'il en obtient la permission; le quitte avec regret, accourt joyeux au-devant de lui, il est avide de caresses et les sollicite avec une persévérance qui devient quelque fois importune. Intelligent et docile il sait interpréter les gestes de son maître, et il obéit sur le champ. Les personnes qu'il aime peuvent compter sur son courage, il les défend à ses risques et périls ; ceux qui lui déplaisent ont à se garantir contre ses vigoureux coups de bec. Il s'acquitte très bien de l'emploi de chien de berger. »

21.ᵉ *Armoire.*

Le SAVACOU BEC EN CUILLER, passe sa vie perché sur les arbres des Savannes noyées, où il attend patiemment le poisson, et dès qu'il l'aperçoit, il fond sur lui à corps perdu.

Trois espèces de SPATULES au bec large et applati : elles habitent le bord des eaux, et vivent comme le précédent.

La CIGOGNE à la taille de 3 pieds 1/2, qui, recherchant la société de l'homme, vient nicher dans nos climats sur le sommet des tours, dans les clochers de nos gothiques cathédrales. Familière et folâtre, elle joue avec les enfans ; on raconte même qu'on en a vu une jouer aux *quatre coins*, et discerner le moment où elle devait courir.... La cigogne nourrit ceux qui lui ont donné l'existence, dirige le vol de ses petits, et les supporte sur ses ailes ; elle dévore les reptiles et les serpens, aussi en Thessalie l'on conduisait au supplice quiconque s'avisait de la détruire.

Le KAMICHI CHUYA, et plus loin le KAMICHI CORNU (du Brésil) : ils portent aux ailes de forts éperons, triangulaires semblables à la corne ; mais malgré leur force et leur défense, ils sont fort doux, et ne se nourrissent que de plantes : cet éperon cependant leur est quelquefois fatal, lorsqu'ils se battent pour la possession d'une femelle.

Le BEC OUVERT DES INDES ; oiseau-pêcheur ; ses mœurs sont analogues à celles des spatules.

22.ᵉ *Armoire.*

Le TANTALE IBIS et L'IBIS, *rouge fucinelle*, à col blanc, à tête nue; l'*Ibis*, comme tout le monde le sait, était adoré en Egypte où il avait un temple fameux, élevé sans doute par la reconnaissance; car il dévore les serpens et les reptiles: il existait même à Alexandrie une loi qui condamnait à mort quiconque tuerait un de ces oiseaux sacrés. Aussi venaient-ils sans crainte au milieu des habitations. L'*Ibis* était en un mot l'oiseau de prédilection de l'*Egypte*, qu'il désigne dans ses hiéroglyphes.

Le COURLIS, oiseau pêcheur, au plumage sanguinolent, se trouve sur nos côtes maritimes.

23.ᵉ *Armoire.*

Plusieurs espèces de BECCASSINES: ces oiseaux habitent les plages marécageuses et se font rechercher par le chasseur à cause de leur chair exquise.

24.ᵉ *Armoire.*

On y remarque l'ÉCHASSE, portée sur ses jambes trois fois aussi longues que le corps; c'est aussi un oiseau pêcheur.

Le GRÈBE, au beau plumage blanc lustré, à la tête chevelue, est éminemment aquatique; car s'il est poussé sur le rivage, il fait d'inutiles efforts pour retourner dans l'eau; tandis que sur cet élément sa course est d'une rapidité remarquable. Les pêcheurs le prennent au filet comme le poisson.

25.ᵉ *Armoire.*

Des PLONGEONS. Ils ne peuvent se tenir en équilibre hors de l'eau: on les prend au filet ou à la ligne amorcée d'un petit poisson ; car il est rare de les atteindre avec des armes à feu, à cause de la prestesse de leur disparition.

Le PINGOIN et le MANCHOT des pays froids ; ils sont remarquables par leurs corps monstrueux et disproportionnés, par leurs plumes dures, presqu'écailleuses, par leurs inutiles ailerons qui ont l'apparence de tronçons de bras ; aussi sont-ils d'une stupide pesanteur sur la terre, mais sur la surface des eaux leur agilité est excessive ; on les dirige en troupeau comme les dindons.

Le PÉLICAN, au bec suspendant une poche membraneuse où il emmagasine le produit de sa pêche, qui pourrait souvent suffire au repas de 5 ou 6 hommes. En Chine on le dresse à prendre des poissons, et s'il faut en croire Sanctius on en vit un enserrer un jeune nègre dans sa poche : personne n'ignore sa fabuleuse célébrité, et qu'on en a fait l'allégorie de la tendresse maternelle, en prétendant qu'il nourrissait ses petits de son propre sang.

26.e *Armoire.*

Le NIGAUD, ainsi nommé à cause de sa stupide sécurité, car on l'assomme facilement à coups de bâton. il est grand destructeur de poissons : il lance sa proie en l'air pour la recevoir verticalement dans son bec, ce qui semblerait faire une exception à sa balourdise. En Angleterre on en fait un pêcheur domestique ; on lui passe un anneau au cou pour l'empêcher d'engloutir sa capture.

Le FOU BRUN et le FOU BLANC, ainsi nommés

à cause de leur imbécilité ; rien ne les effraie, aussi peut-on les assaillir comme le Nigaud.

La FRÉGATE, au bec aigu, aux serres perçantes, poursuit les précédens pour leur enlever leur proie qu'elle avale à leurs yeux en les remerciant de leur bonhomie : elle a la hardiesse de venir même enlever les poissons dans la main du matelot.

L'ANHINGA ; remarquable par son cou *serpentiforme*, double du corps.

27.e *Armoire*.

Le GOELAN, à manteau noir, et le GOELAN FRISARD ; ils sont voraces et dépècent des agneaux dont ils emportent les membres palpitans à leurs avides nourrissons. Les navigateurs les rencontrent quelquefois réunis en grand nombre sur les cadavres des baleines qui flottent en pleine mer et qu'ils déchirent à la manière des corbeaux.

Le LUMME, de la famille des plongeons, dont la peau sert aux lapons à faire des bonnets. En Norwège on le respecte parce que les diverses inflexions de sa voix annoncent le temps.

28.e *Armoire*.

L'ALBATROS d'Afrique, dont l'envergure atteint jusqu'à 11 pieds, est le plus gros et peut-être le plus goulu des oiseaux marins : aussi le prend-on avec un hameçon amorcé de viande. Les marins lui doivent souvent d'échapper aux horreurs de la faim.

Le PÉTREL NOIR : il habite les cavités souterraines du Kamchatka, et y fait son nid ; il dégorge pour nourrir ses petits, une liqueur huileuse qu'il cherche à faire jaillir dans les yeux de ses ennemis : souvent il est arrivé que des chasseurs ainsi aveuglés, se sont laissés tomber dans des précipices.

Plusieurs espèces de CIGNES : cet élégant et majestueux monarque, des eaux si célèbre dans les chants des poëtes, n'a que l'aigle pour ennemi ; et souvent même, il le terrasse sous les coups vigoureux et multipliés de ses ailes : le cygne connait toutes les nuances, toute la délicatesse d'un amour sublime ; on le voit voluptueusement préluder à l'œuvre de la reproduction, par les doux enlassemens de leurs cous.

ANATOMIE COMPARÉE

Dans la galerie où l'on a placé tout ce qui concerne l'anatomie, dans cette classification intéressante pour la philosophie et la médecine, on remarquera pour ornemens :

Le SQUALE GRIS et la LOPHIE BAUDROIE. (Voyez ichthyologie).

Le DAUPHIN ORDINAIRE, et parmi les ossemens renfermés dans les armoires de cette galerie le squelette de ce poisson curieux, qui, pourvu d'un vaste cerveau, se fait remarquer par son intelligence. Quand il est en danger, il fait entendre un mugissement qui attire à sa défense une foule d'autres dauphins. Ces fiers animaux se réunissent pour attaquer le requin et la baleine, et souvent ils sortent victorieux du combat. Les marins prétendent que la femelle transporte ses petits sur le dos, jusqu'à ce qu'ils soient en état de nager tout seuls.

On remarque suspendue au plafond de cette salle, l'énorme mâchoire inférieure du CHACHALOT, qui peut avoir de 3 à 4 pieds de long. Le chachalot est une espèce de baleine armée de dents terribles, longues de cinq pouces; il exerce des ravages épouvantables dans l'empire des mers : sa tête est peut-être la plus volumineuse que l'on connaisse. Cette espèce de cétacée à de 23 à 24 mètres de longueur et 17 d'épaisseur; elle produit l'ambre gris, ce parfum agréable qui selon Kæmpfer, est nommé par les japonais excrément de baleine (Kusura no fu) : on a quelquefois trouvé dans des chachalots des poissons de 3 à 4 pieds. Il poursuit le requin qui fuit à son aspect. Un naturaliste (1) raconte que des pêcheurs ayant pris un petit chachalot, sa mère se jeta sur la barque qui chavira, de sorte que son petit fut rendu à la liberté.

On aperçoit au-dessus de la porte d'entrée, le buste de M. BOMART (Philippe-Alexandre-Louis), né à Douai en 1750, maire de cette ville, et frappé par la mort en 1818. Il a puissamment contribué à l'embellissement de Douai, et à l'établissement des trottoirs.

Le SQUALE POINTILLÉ. (Voyez icthyologie).

Une tête d'HIPPOPOTAME, d'un des colosses quadrupèdes dont l'histoire est connue de tout le monde et dont les dents, dit Zerenghi, sont si dures qu'elles font feu sous le briquet : *che percossi sopra con un*

---

(1) Histoire des cétacées, par Lacépède.

C'est là qu'on a placé la *nature monstrueuse*. (1) on y voit un VEAU qui a une espèce de lanière partant du dessous de la gorge, et qui décrivant une demi-circonférence vient aboutir par-dessus au point opposé.

Un VEAU ACÉPHALE, c'est-à-dire venu au monde sans tête.

Un POULAIN CYCLOPE, l'œil au milieu du front ; ce qui ferait croire qu'une nature bizarre, en se jouant, a pu donner naissance à des hommes cyclopes : delà les fables sur les forgerons de Vulcain ; ou bien peut-être l'imagination qui toujours a besoin d'une base pour créer des êtres fantasques, aura rencontré quelque monstre analogue d'après lequel ses pinceaux se seront exercés.

Le buste du sieur MAURICE, ayant l'extirpation de sa tumeur (2) sur le cou, par le docteur Deshayes.

Un VEAU MONSTRE à deux têtes, deux épines dorsales aboutissant à une queue unique.

Un POULAIN HYDROCÉPHALE, c'est-à-dire dont la tête est remplie d'un fluide aqueux.

CÔTE, VERTÈBRE de *Baleine* et dans les armoires

---

(1) Les monstres se forment lorsque la nature est contrariée dans sa marche, lorsque la mère, portant dans son sein un être débile, impressionable, lui communique une commotion due à des affections vives. (J'engage mon lecteur à lire le *monstrorum historia memorabilis* de Schenck.)

(2) Cette tumeur hideuse est ici conservée dans un vase à l'esprit-de-vin.

(97)

un FANON (3) de cette énorme mammifère, qui a atteint 300 pieds de long (Lacépède). Quel animal peut servir de terme de comparaison ! et pourtant l'homme a su en triompher.

Dans cette salle, nous voyons encore, renfermés au milieu de diverses pièces qui composent notre admirable charpente, les SQUELETTES *naturels et artificiels* d'homme et de la femme adultes; plus loin viennent des squelettes d'enfans et d'embryons de différens âges, entr'autre l'on en observe un qui peut avoir 6 pouces de hauteur. Quelle fragilité dans l'homme à sa naissance !... un souffle peut l'anéantir !

Un ENFANT HYDROCÉPHALE; c'est-à-dire dont la tête s'est gonflée par un fluide décomposé.

Plusieurs FOETUS MONSTRUEUX, entr'autres on en remarque un à double corps; visages opposés et se confondant jusqu'aux oreilles qui se touchent symétriquement. Ces malheureux ont-ils deux âmes? ou un seul principe moteur. Il est à croire qu'ils n'en ont qu'un, car la vie s'échappe simultanément.

Dans l'esprit-de-vin un ENFANT ACÉPHALE, après 6 mois de gestation... Que la nature dans ses caprices est quelquefois affreuse et cruelle !

Cette partie intéressante pouvait fournir des détails excessivement curieux, puisqu'elle a rapport à l'existence dans son origine; mais le respect dû à l'ignorance virginale ordonne de ne point soulever le voile.

Maxima debetur puero reverentia.
JUVÉNAL.

―――――

(1) Espèce de barbe en crin qui prend à la gorge de l'animal et se prolonge de quelques toises sous le ventre.

7

Un POULET A 4 PATTES, un autre à 3 pattes.
Un CANARD A 4 PATTES, dont deux partent du croupion.

Un SQUELETTE DE CHAT monstrueux; de la tête partent deux épines dorsales, une seule cage osseuse, 8 pattes.

Un LIÈVRE DOUBLE : une seule cage osseuse. Plusieurs SQUELETTES DE RACHITIQUES ou de *Bossus*, l'un d'un infortuné mort à 15 ans : on voit la défectuosité de ces malheureux, provient de la forme voutée des côtes dorsales. Il n'y a donc de ressource dans les maisons d'orthopédie que lorsque les os sont encore souples et élastiques; mais qu'il faut de soins pour faire insensiblement disparaître leur courbure! et souvent que de victimes en faisant violence à la nature !

Un APEREA à 5 pieds dont l'un en guise de queue. L'*Apéréa* habite le Brésil où l'on mange sa chair comme celle du lapin avec laquel il y a quelques rapports.

Dans une fiole à l'esprit-de-vin l'on voit une espèce de MILLE-PIEDS sorti du nez d'une fille de 20 ans, après des maux de tête violents. Comment se fait-il que des insectes aussi fort puissent se développer ainsi dans le corps humains ? L'esprit se confond dans de semblables réflexions....., nous sommes remplis d'animacules (¹) qui se nourrissent de notre propre substance, tout se lie dans la nature par des rapports admirables.

(¹) Le microscope a offert à notre étonnement une multitude des petits insectes qui nagent dans notre sang comme dans un élément.

On trouve à la suite le BÉZOARD ORIENTAL, pierre fameuse, qui se forme dans le corps de divers animaux. *Thévenot* croit qu'elle est dûe aux alimens qui influent sur sa qualité : il raconte qu'à Golconde, le roi a une grande provision d'excellens *bézoards*, qu'on vend ordinairement 40 écus la livre. Les gazelles, les singes en produisent particulièrement, et les paysans ont coutume de leur pulper le ventre pour connaître combien ils ont de *bézoards*, afin de les vendre en proportion. L'Europe et l'Asie l'emploient dans la médecine, et le célèbre Gallien dit qu'il est anti-vénéreux.

Une suite de CALCULS qu'on trouve dans les intestins de l'homme, on le reconnaît à leur pesanteur, à leur odeur fétide, nous en remarquons un de la grosseur d'un œuf extrait de la vessie d'un individu et un autre également extrait de la vessie d'un enfant de 12 ans, au moyen de *l'appareil de Lascas*. Une foule de personnes sont attaquées par la maladie grave des calculs et n'en sont que trop souvent victimes, en ouvrant le corps d'un anglais, en 1750, on lui trouva 42 calculs dans les reins, 14 dans la vésicule du fiel et 10 dans la vessie. Enfin une série très-curieuse d'ossemens de toutes espèces d'animaux, de quadrupèdes, de bipèdes et de poissons.

TABLEAUX.

Enfin dans la galerie des tableaux, d'abord enrichie par la destruction des abbayes du Haynaut, ensuite dépouillée (1) par le même événement qui nous enleva la préfecture, nous remarquerons encore avec un vif intérêt:

LA MORT DU GÉNÉRAL COLBERT; on voit ce héros tout jeune encore, atteint du coup mortel; la figure pâle, le front ensanglanté; deux braves soldats le soutiennent, tandis que d'autres hussards ont à l'entour, la tête baissée, l'air morne et taciturne. Derrière est le cheval du héros mourant.

Le portrait [217] de CADET-ROUSSEL; son idiotisme fut l'objet de toutes les plaisanteries du public douaisien. On le voyait souvent escorté d'une bande d'enfans qui lui criaient: *v'la Cadet-Roussel; v'la Cadet-Roussel;* mais le patient leur montrait une douceur inaltérable. Il s'asseyait chaque jour dans la rue des Huit-Prêtres sur le seuil d'une maison, et là il demandait l'aumône en montrant aux passans des découpures de papier, faites avec une adresse et une patience admirable; il est mort il y a environ 5 ans. Il avait dans sa manière de s'énoncer par monosyllabes, une sorte

_____

(1) Nous devons à M. Avisse, peintre de cette ville, d'avoir sauvé des griffes révolutionnaires une multitude de tableaux que le Musée possède aujourd'hui; ainsi que plusieurs bas-reliefs provenant de l'abbaye de Saint Amand, et placés actuellement dans l'église Saint Pierre.

de tristesse, un fond de mélancolie qui se répandaient dans toute sa personne.

LE MARÉCHAL LANNE, *duc de Montebello*, blessé mortellement à la bataille d'Eslaing. On le voit sur un brancard, entouré de plusieurs grenadiers ; près de lui est Napoléon qui lui prend la main et lui témoigne une vive affliction...

Le superbe portrait de LOUIS XIV, donné par ce monarque à la ville de Douai, en 1668. Ce prince guerrier est représenté, revêtu de ses habits royaux, assis majestueusement sur son coursier fringant, qui n'a point, il est vrai, les formes gracieuses et sveltes des chevaux actuels, car ils n'étaient point alors perfectionnés comme ils le sont aujourd'hui, mais il est d'une correction admirable ; enfin ce tableau est vraiment digne d'attirer un tribut d'éloges à son artiste *Vandermeuil*.

UNE JEUNE PAYSANNE, un genou en terre déposant des fleurs sur le *tombeau de Creuse*, peintre moraliste ; près d'elle est un petit enfant qui semble être dans le touchant recueillement de l'innocence. (*Hilaire le Dru*.)

DEUX ENFANS : l'un mange de la bouillie, il se presse avec tant d'avidité qu'il s'en barbouille le visage ; auprès est le second enfant qui pleure et qui se gratte la tête de dépit, parce que son frère mange trop vite et qu'il ne lui en restera plus... (*Lenain*.)

LA JUSTIFICATION DE SUZANNE. Daniel convaincu de son innocence la défend et les deux impudiques vieillards, confondus se cachent le visage de honte.

Cette esquisse est de *Ménageot*, qui en exécuta le tableau en grand pour Saint Pierre.

LE SOLDAT GREC BLESSÉ : il est atteint mortellement d'une balle dans la poitrine ; d'une main il laisse échapper son espingole, tandis que l'autre est étendue sur l'estomac. Le bruit des mitrailles qui sifflent dans le lointain semble ne plus l'occuper : tout a disparu pour lui ; ses yeux mourans regardent le ciel. Ce sujet intéressant, si parfaitement rendu par Serrur (1), de Lille, a été très-bien lithographié par M. Carrière, professeur d'écriture à Douai.

Le LABOUREUR ROMAIN : il rencontre sous le soc de sa charrue d'antiques ossemens, des débris d'armure, et témoigne sa surprise à cet aspect. Le peintre a emprunté ce sujet de Virgile :

Un jour le laboureur, dans ces mêmes sillons
Où dorment les débris de tant de bataillons,
Heurtant avec le soc leur antique dépouille,
Trouvera, plein d'effroi, des dards rongés de rouille !
Il verra des tombeaux sous ses pas s'écrouler
Et des soldats romains les ossemens rouler.
(Géorg., liv. 1.er, traduction de Delille.)

LA MORT DU GRENADIER : dans un intérieur de cuisine, on voit une jeune fille lisant la lettre fatale, ou plutôt elle a cessé de lire ; sa vue est couverte d'un nuage, elle chancelle.... La pâleur a voilé les roses de

―――――――――――――――――――――――

(1) Charles X a donné à Valenciennes le *naufrage du Camoëns*, par le même artiste ; ce magnifique tableau représente le poëte portugais sur une planche de vaisseau, tenant d'une main une masse de rocher et de d'autre s'efforçant de garantir sa *Lusiade* des vagues bouillonnantes.

à s joues ; son sein autrefois gonflé par l'ivresse de l'amour est en proie à la plus vive douleur.... Pauvre Fanchon ! elle a perdu celui qui devait être son époux.... Celui à qui elle a donné au moment de partir *trois paires de bas, une chemise et trois mouchoirs.*

UN MIRACLE opéré à Arras, par Saint Vaast (1), en présence de Clotaire I.er ; un second par le même évêque devant Clovis.

LE PAUVRE MALADE ; sur un lit de misère est un vieillard languissant, soutenu sur sa fille affligée ; mais l'attention se repose spécialement sur une jeune personne, portant sur son visage une douce expression de charité et qui apporte dans ce triste reduit un restaurant...

LE BAPTÊME DE CLOVIS (*Ruyter*). Saint Rémy lance dans les fonds sacrés la tête couronné de ce prince, pendant que la miraculeuse Colombe apporte du Ciel la Sainte Ampoule, destinée à le sacrer ainsi que tous ses successeurs, les rois très-chrétiens.

DEUX COMTES DE FLANDRE, au moment de partir pour la Palestine, présentent leurs fils St. Placide et St. Maur à St. Benoist ; le priant de les garder sous

---

(1) Saint Vaast, évêque et patron d'Arras : la reine Clotilde le présente à son époux victorieux pour l'instruire des articles de la foi catholique ; Saint Vaast ayant rendu la vue à un aveugle en présence de ce prince, entraîna tout-à-fait sa conviction. « *Clouys* » *admirait l'esprist et les paroles de ce rare personadge, mais il fut bien* » *plus ravy lorsqu'il le vid de ses yeux rendre la veüe à un aueugle* » *auec le signe de la croix.* » (Hist. des Saints de la Providence de Lille et Douai, 1638).

sa protection. Ce tableau précieux pour le pays, et attribué à *Van-dyck*, provient de l'abbaye d'Anchin.

L'ORAGE : dans le lointain la foudre sillonne les nuages qui laissent échapper la pluie par torrens, sur le premier plan est un laboureur qui s'efforce de retenir les chevaux effrayés de sa charrue ; on les voit la crinière flottante au gré des vents, prêts à prendre le mors aux dents : tout l'ensemble de ce tableau pénètre le spectateur d'une tristesse involontaire...

Nous aurions bien encore à citer plusieurs tableaux curieux, des sujets anciens et religieux à rappeler, nous pourrions parler de plusieurs esquisses de *Victor Adam*, de *Van-ost*, de *Prud'homme*, de *Belgambe* (1) qui s'est fait une manière qui approche de celle de Rubens et de plusieurs autres artistes du pays ; mais je me vois forcé après avoir énoncé les tableaux qui fixent l'attention du plus grand nombre de personnes, de me resserrer dans les limites que je me suis tracées.

---

(1) Belgambe, né à Douai, contemporain de Rubens qu'il a beaucoup étudié, nous a laissés plusieurs tableaux, un entr'autre à Saint Pierre, représente la *résurrection du Lazare*. Le frère de Belgambe s'est fait un nom en théologie et fut professeur à l'université de Douai ; un de ces descendans était, il n'y a pas encore long-temps, préparateur du cours de physique au collège royal de cette ville.

FIN.

www.ingramcontent.com/pod-product-compliance
Lightning Source LLC
Chambersburg PA
CBHW070302100426
42743CB00011B/2307